うつ白

UTSUHAKU

森崎和幸
森崎浩司

そんな自分も好きになる

TAC出版
TAC PUBLISHING Group

森崎和幸

1981年5月9日、広島県広島市安芸区矢野出身	兄
Pos.	MF　　利き足：右
現職	
サンフレッチェ広島クラブ・リレーションズ・マネージャー	
経歴	
1989～1993：矢野フットボールクラブ	
1994～1996：広島市立矢野中学校サッカー部	
1997～1999：サンフレッチェ広島ユース	
1999～2018：サンフレッチェ広島	

年	監督	主な出来事
1999	エディ・トムソン	J1リーグ戦クラブ最年少出場（当時）
2000	エディ・トムソン	Jリーグ新人王
2001	ヴァレリー・ニポムシ	FIFAワールドユース選手権出場
2002	ガジ・ガジエフ→木村孝洋	J2降格
2003	小野剛	
2004	小野剛	
2005	小野剛	キャプテン就任
2006	小野剛→望月一頼→ミハイロ・ペトロヴィッチ	オーバートレーニング症候群（うつ病）
2007	ミハイロ・ペトロヴィッチ	J2降格
2008	ミハイロ・ペトロヴィッチ	
2009	ミハイロ・ペトロヴィッチ	慢性疲労症候群（うつ病）
2010	ミハイロ・ペトロヴィッチ	〃
2011	ミハイロ・ペトロヴィッチ	
2012	森保一	J1初優勝
2013	森保一	J1優勝
2014	森保一	
2015	森保一	J1優勝
2016	森保一	
2017	森保一→横内昭展→ヤン・ヨンソン	うつ病
2018	城福浩	うつ病／現役引退
通算	Jリーグ通算504試合出場22得点 （J1：430試合出場19得点／J2：74試合出場3得点） Jリーグ功労選手賞	

森﨑浩司

弟	1981年5月9日、広島県広島市安芸区矢野出身	
利き足：左	MF	Pos.

現職
サンフレッチェ広島アンバサダー

経歴
1989～1993：矢野フットボールクラブ
1994～1996：広島市立矢野中学校サッカー部
1997～1999：サンフレッチェ広島ユース
2000～2016：サンフレッチェ広島

主な出来事	サンフレッチェ広島成績	年
	J1：1st6位／2nd8位	1999
	J1：1st10位／2nd11位	2000
FIFAワールドユース選手権出場	J1：1st13位／2nd3位	2001
J2降格	J1：1st15位／2nd14位	2002
	J2：2位	2003
アテネ五輪出場	J1：1st13位／2nd11位	2004
オーバートレーニング症候群（うつ病）	J1：7位	2005
	J1：10位	2006
J2降格	J1：16位	2007
	J2：優勝	2008
オーバートレーニング症候群（うつ病）	J1：4位	2009
〃	J1：7位	2010
〃	J1：7位	2011
〃／J1初優勝	J1：優勝	2012
〃／J1優勝	J1：優勝	2013
〃	J1：8位	2014
〃／J1優勝	J1：優勝（1st3位／2nd1位）	2015
〃／現役引退	J1：1st4位／2nd10位	2016
	J1：15位	2017
	J1：2位	2018
Jリーグ通算335試合出場65得点 （J1：258試合出場41得点／J2：77試合出場24得点）		通算

主な登場人物

森﨑《もりさき》志乃《しの》	森﨑和幸の妻。2006 年に入籍。2008 年に長男、2012 年に長女を出産。
森﨑《もりさき》裕子《ゆうこ》	森﨑浩司の妻。2006 年に入籍。2008 年に長女、2013 年に次女を出産。
織田《おりた》秀和《ひでかず》	現・ロアッソ熊本ゼネラルマネージャー。森﨑兄弟がユースのときから、サンフレッチェ広島の強化部長としてふたりに接してきた。トップチーム昇格を告げたのも織田氏である。ふたりが心の病に陥り、練習を離脱していた時期も、心配して連絡を欠かすことはなかった。2015 年にはサンフレッチェ広島の代表取締役に就任、2017 年まで同職を務めた。
小野《おの》　剛《たけし》	現・FC 今治監督。1999 年～ 2001 年に世代別日本代表のコーチとして森﨑兄弟を指導。2002 年からはサンフレッチェ広島の監督に就任し、2006 年途中まで指揮を執った。和幸をキャプテンに任命し、浩司を主力選手へと抜擢。オーバートレーニング症候群に苦しむふたりに対して理解を示した。
ミハイロ・ペトロヴィッチ	現・北海道コンサドーレ札幌監督。小野剛の後を引き継ぎ、2006 年 6 月にサンフレッチェ広島の監督に就任。ふたりが心の病に苦しむなかでも、寄り添い、復帰の契機となる言葉を投げかけた。セルビア出身で、ヨーロッパで活動していたこともあり、うつ病をはじめとする心の病にも知識と理解があった。2011 年に退任した後は、浦和レッズ、北海道コンサドーレ札幌とＪリーグのクラブで監督を務めている。
森保《もりやす》　一《はじめ》	現・日本代表監督。森﨑兄弟がユースだった 1999 年～ 2001 年までチームメイトとして一緒にプレー。森保自身は、その後、ベガルタ仙台に移籍し、2003 年に現役を引退。2007 年～ 2009 年はペトロヴィッチ監督のもとでコーチを務め、ふたりを指導。2012 年にサンフレッチェ広島の監督に就任すると、ふたりを精神面から支え、3 度のＪ1 優勝を達成した。
城福《じょうふく》　浩《ひろし》	現・サンフレッチェ広島監督。2018 年からサンフレッチェ広島を指揮。そのため、浩司を指導したことはないが、和幸には 1 年間、監督という立場で接した。うつ病に苦しむ和幸に対して、メールや電話をするなど、常にチームの一員であることを訴えかけ続けた指揮官でもある。
駒野《こまの》友一《ゆういち》	現・FC 今治。ふたりとはサンフレッチェ広島ユース時代からの同期。世代別代表でも切磋琢磨し、2000 年にそろってトップチームに昇格。2007 年までともにプレーした。その後、ジュビロ磐田に移籍した駒野は、2010 年の南アフリカ・ワールドカップにも出場。2016 年に浩司が、2018 年に和幸が引退した際には、ホーム最終戦に駆けつけた。
佐藤《さとう》寿人《ひさと》	現・ジェフ千葉。森﨑兄弟とは、同学年であり、世代別日本代表でもともにプレー。2005 年にサンフレッチェ広島に加入すると、2016 年までプレー。キャプテンとして矢面に立ってふたりを支え、3 度のＪ1 優勝の喜びを分かち合った。また、自身も双子であり、名古屋グランパスを経て現在は兄・勇人とともにジェフ千葉でプレーしている。

（※所属などは刊行時点）

僕はカズと浩司をみて、日常生活を送れるようになってほしい、しっかり眠れて、起きて、食事ができるようになってほしい。ずっと、そう祈っていました。それくらい、ふたりが心の病を乗り越えて、アスリートとしてサッカーができるようになったことは〝奇跡〟でした。

森保一

うつ白　目次

第1章

心の病を発症する契機となった小さな不安

森崎和幸

8
KAZU

プロローグ（森﨑和幸）

冒頭から、いきなり告白すれば、サンフレッチェ広島で19年間、プロサッカー選手としてプレーした僕、森﨑和幸は、ずっと心の病と戦ってきた。

現役時代には、「オーバートレーニング症候群」「慢性疲労症候群」という診断を受けたが、選手を引退した今、思えば、多くの期間において、《うつ病》だったかもしれない。アスリートである僕は、医者ではないし、専門的な知識も持たないため、どれが本当の病名なのか、あるいは、すべてが当てはまるのかを判断することはできない。だが、自分にもうつ病の症状があることは、はっきりと自覚している。

その症状をはじめて自覚したのは２００６年だった。その後、僕は２０１８年に現役を引退するまで、長期にわたってプレーができなくなったのは、５回ほどだが、試合中も症状を感じながらプレーしていたこともある。僕は、ずっと心の病と向き合ってプレーしてきた。

日本では、まだまだアスリートは、強靭な精神力を備えていると思われがちだ。でも、僕らもみんなと何ひとつ変わらない。サッカー選手も他競技のスポーツ選手も、弱さもあれば、不安も抱えている。なかには心の病に苦しんでいるアスリートの人もいるだろう。自分が経験したこと、感じたことを綴《つづ》ることで、アスリートは心の病にならないという認識が、少しでも改められることができればと考えて、今回、自分の歩みをまとめることにした。

あれは、２０１８年のことだった。19年間のプロ生活のなかで、僕は5度目となる心の病を患い、精神的にも、肉体的にも追い込まれていた。真っ暗な部屋に閉じこもり、眠ることもできずに、ひたすら横になっていた。そこから少しだけ回復して、日常生活が送れるようになってからも、生きる希望は持てなかった。

そんなとき、僕を救ってくれたのは家族だった。妻と息子と娘の3人は、気分転換にと、ときどき家の近くにある河原に僕を連れ出してくれた。そんなとき、妻の志乃は僕に「少し走ってみれば」と、声をかけてくれた。それでも、すべてのことに気力が湧かなかった当時の僕は、いつも首を横に振っては断っていた。

そんなある日だった。いつものようにゆっくりと家族４人で河原を散歩していると、急に息子が走り出したのだ。そして、後ろを振り返ると、僕にこう言った。

「パパ、一緒に走ろうよ」

気がつけば、息子に引っ張られるように、僕は駆け出していた。その姿を見た妻は涙がこぼれたという。そして、その一歩が再びピッチに戻る、大きなきっかけとなった。

「諦めたら、そこで終わり」

そのとき、僕はいつも息子にこう言っていたことを思い出した。自分自身の言葉で、僕は自分を奮い立たせることができた。父親として、夫として、そしてサッカー選手として、僕を待ってくれている人たちに、もう一度、ピッチでプレーしている姿を見せたいと――。

繰り返すが、僕はサッカー選手だっただけで、医者ではない。だから、専門的な知識を語ることはできないし、具体的な治療法を紹介することもできない。ただ、アスリートも人間だからこそ、うつ病になりうることを知ってもらえたらと思う。また、自分もそうだったが、うつ病は、再発する可能性が高いだけに、自分の心とうまく付き合うことの大切さも知ってもらいたい。同時に、心の病は、ひとりで抱え込んでしまうと、症状も悪化すれば、苦しさも増していく。だからこそ、周囲のサポートであり、逆に、周囲に頼ることも必要だということを伝えたい。

心の病に苦しんでいる人、あるいは何かに迷っている人、くじけそうになっている人、そして一歩を踏み出そうとしている人、そうしたいろいろな葛藤や分岐点にいる人たちの力になり、参考になればと思う。ほんの少しでも、みなさんに勇気を持ってもらえたら、それだけですべてを告白したことを、幸せだと感じることができるだろう。

そんな願いを込めて、僕は自分の人生と苦しみのすべてをここに綴ろうと思う。

はじめて感じた体の異変

僕が、はじめて体の異変を感じたのは、22歳になろうかというときだった。サンフレッチェ広島でプロサッカー選手になり、４年目を迎えていた２００３年の春だった。

まず感じたのが、目の違和感だった。サッカーボールを蹴っていても、どこか焦点が合わない。周りが見えにくいとでも言えばいいのだろうか。ボールとの距離感がうまくつかめず、急にボールが目の前に現れるから、うまく処理ができない。ほぼ毎日蹴っているはずのサッカーボールなのに、何かがおかしかった。

さらに、思考力も低下しているように感じた。サッカーは瞬時の判断力が問われるスポーツだが、それができないと言えばいいだろうか。ウォーミングアップを兼ねて行うパス回しにしても、いつもとは違う感覚があった。

加えて、どうにも体に力が入らない。全身が鉛のように重く、ずっと気だるさが抜けなかった。体がつねに疲労感や倦怠《けんたい》感に支配されている感じだった。だから、練習でも、自然と動きが鈍くなる。思うようにボールとの距離感がつかめないし、思うように自分の体が動かない。思考力も落ちているから、必然的にミスが増えた。

明らかにそれまでの自分のプレーではなかった。

「もっと、しっかりやれよ」

それはどういうことのないミニゲームをしていたときだった。先輩から、集中して練習をするようにと、指摘されたのだ。きっと、その日の僕は、軽率なミスが目立っていたのだろう。自分で言うのは照れくさいけれど、パスやトラップといったサッカーの基礎やボールコントロールなどの技術には、かなり自信を持っていた。練習はいつも100パーセントで取り組んでいたし、いつもやるミニゲームだからといって軽視する性格でもない。そんな自分が、ミスを連発していたのだから、先輩も見かねて声をかけたのだろう。

それでも僕にはどうすることもできなかった。とにかく体に力が入らなかった。

このときの僕は、それがいわゆる〝心の病〟が原因だということを、まだ知らなかった。

２００3年、サンフレッチェ広島は、前年にトップリーグであるＪ１から降格したこともありＪ２を戦っていた。１９９９年に高校3年生でＪリーグデビューを果たした僕は、２０００年に正式にプロサッカー選手となり、プロ4年目のシーズンを迎えていた。年間34試合のＪ１と比べれば、当時のＪ２は年間44試合。加えて、当時Ｊ２に所属していたクラブは、東京や大阪といった大都市ではなく、地方都市をホームタウンとしているチームが多かった。アウェイゲームのために広島から移動するとなると、飛行機や電車、バスと、多くの乗り継ぎや移動手段を用いることになり、必然的に移動時間も長くなった。3月にＪ２が開幕すると、連戦と長距離移動を繰り返すこととなった。

おまけに、当時の僕は、年代別の日本代表にも選ばれていて、チームの活動と代表の活動という、二足のわらじを履いていた。チームでは連戦と長距離移動、加えて代表の活動があれば、そこでも移動を強いられ、合宿や試合をしなければならない。当時は年齢も若く、今よりも体力はあったとはいえ、肉体的にも精神的にもいっぱい、いっぱいだった。それもあって、最初は「疲れがたまっているのかな」というくらいにしか考えていなかった。「たまには、こういう日もあるか」と、楽観視できればよかったのかもしれない。だけど、人一倍、練習では神経を研ぎ澄まし、つねに１００パーセントの状態で臨もうと気を遣っていた。そうした自分の性格が災いした。翌日も同じような感覚が続くと、その違和感が気になり、いてもたってもいられなくなった。

思いきって、まずはチームのトレーナーやメディカルスタッフに相談した。そして、病院で検査をしてもらうことになった。もしかしたら脳に原因があるかもしれないと、MRIによる検査もしてもらったが、精密検査をしても、異常は見当たらなかった。

当時、サンフレッチェ広島の監督を務めていた小野剛《たけし》さんにも相談した。その結果、チームと代表の活動を並行していることが原因だろうという結論になった。そこで僕は、チームから特別に2、3日のオフをもらえることになった。

これは今だから明かせるのだが、実は、アテネ五輪を目指していたU-22日本代表の試合でも、その違和感があった。2003年5月1日と3日に、U-22ミャンマー代表と、アテネ五輪アジア地区二次予選を戦ったときのことだ。その第1戦で、U-22日本代表監督である山本昌邦《まさくに》さんから、僕はキャプテンに指名された。名誉なことだと感じた僕は、その期待に応えようと意気込んでいた。

でも、試合前から、どこか体調がおかしかった。それまで代表の試合となれば、自然と気持ちも昂《たか》ぶり、やる気で満ちあふれたのに、どうしても体に力が入らない。それでも気力を振り絞ってプレーすると、チームは3-0で勝利することができた。ところが、僕のプレーは絶不調。2日後に行われた第2戦で、出場機会を与えられることはなかった。そして、これを機に、僕はU－22日本代表での評価を下げることになった。結果的にアテネ五輪に出場できなかったのは、完全に自分の実力不足だと思っている。でも、今思い返してみると、このときから予兆はあった。

今から約15年以上も前のことなので、当時は、世間でもうつ病に対する理解は進んでいなかった。アスリートの世界においては、なおさらだった。僕も、心の病というものがあるということは知っていたが、まさか自分がそうした症状に幾度も苦しめられることになろうとは、微塵《みじん》も思っていなかった。

だから、チームから特別に与えられたオフでは、一度、サッカーのことを忘れようと、友人と食事をしたり、遊びに出かけたりして、心身ともにリフレッシュした。オフを終えて練習に復帰すると、自然とサッカーへの意欲を取り戻すことができた。

すると、不思議なことに、あんなにも気になっていた目の違和感はきれいさっぱり消えていた。ボールを蹴れば、いつもの感覚でプレーすることができた。判断力や体の重さを感じることもなくなり、サッカーに集中できるようになった。だから、僕はその春に直面した違和感の正体を突き止めることもしなければ、そのことを忘れるようにさえなっていた。

ひとつだった不安が増殖していく

2003年に小野監督のもと再出発したサンフレッチェ広島は、J1昇格を決めると、J1に復帰した2004年を12位で終えてJ1に残留した。そうしたなかで、チーム内における自分の立場も少しずつ変化していった。小野さんが監督になった2003年からは、試合によっては、ゲームキャプテンを任されるようになった。つねに試合に出場し、ときに左腕にキャプテンマークを巻いてプレーしたことで、自分のなかにも中心選手という自覚が芽生えはじめていた。

2005年を迎えると、小野さんから正式にキャプテンを任された。光栄だし、誇らしくもあったが、もともと練習中や試合中に大声を出してチームメイトを鼓舞したり、指示を出したりするような性格ではない。にもかかわらず、勝手に自分でリーダーのあるべき姿を想像し、必要以上にチームメイトを奮い立たせようと、声をかけていた。それが、キャプテンとしての正しい姿だと思っていたからだ。要するに、僕はチームにおいて存在感を出そうと、背伸びをしていたのだ。

また、2004年には、浩司がアテネ五輪のメンバーに選ばれ、僕は落選するという悔しさを味わっていた。だからこそ、２００５年は、所属するサンフレッチェ広島で活躍して、周囲の評価を見返してやろうという強い気持ちを抱いていた。その思いもあったから、体に多少の痛みがあっても休むことはせず、全試合にフルタイム出場を果たすことができた。

　そうした思いで結果を残し、迎えた２００６年シーズンだった。チームを束ねるキャプテンとして２年目となり、前年の７位以上の成績を残さなければならないという使命感があった。また、個人的には、前年以上のパフォーマンスを示さなければならないとも考えていた。

　だから、オフには体幹トレーニングを取り入れるなど、新たな試みをした。本来ならばオフは体を休めることも目的のひとつだ。それなのに、僕は心身を休めるどころか、必要以上に体に負担をかけてしまった。今思えば、危機感や使命感に支配されていたのだろう。

　チームの動向に目を向ければ、２００６年シーズンを迎えるにあたって、メンバーも入れ替わった。Ｊリーグでの実績も十分なＦＷ《フォワード》のウェズレイや、日本代表でも活躍したＭＦ《ミッドフィルダー》の戸田和幸さんが加わった。その補強に、クラブが本気で優勝を狙おうとしている姿勢を感じ、キャプテンとしてチームをよりよい方向に導かなければという責任感も強まった。

　開幕前のキャンプがはじまり、実践的なトレーニングに入っていくと、チームは新しいシステムを模索することになった。ただ、システムが変わり、メンバーも変われば、一からコンビネーションを築いていかなければならない。当然、僕も、最初からすべてが順調にいかないであろうことは覚悟していた。でも、キャンプで練習試合を重ねても、思っていた以上にチームとして機能していなかった。だから、キャプテンとして、少しでも状況を好転させようと、何度も、小野監督のもとに足を運び相談した。

小野監督もうまくいっていないことは理解していたが、「だんだんよくなっていくはずだから」と、逆に励まされることもあった。しかし、頭では「やり続けるしかない」と理解しているつもりでも、どうしても「うまくいく方法はないだろうか」と考え込んでしまう。考えれば、考えるほど、頭のなかは混乱し、不安が募っていった。

最初は、ひとつだった不安が、考えているうちにふたつになっていく。その答えを導き出せずにいる間に、不安は3つ、4つと増殖していく。消えては浮かんでではなく、消えないうちにどんどんと不安が増えていく。そして、ついに頭のなかは不安でいっぱいになり、いつしか夜になっても寝つけない状況に陥ってしまった。

これがすべてのはじまりだった。

当たり前にできていたプレーができなくなる感覚

「どうしたら、チームはよくなるのだろうか」

シーズン前のキャンプから四六時中、そんなことばかりを考えていた。そのせいでベッドに入っても、頭のなかはつねにサッカーのことやチームのことでいっぱいだった。キャンプの時期は午前、午後と2部練習も多く、肉体的には疲れているはずなのに、なかなか眠ることができない。

当然、翌日の体調は優れない。コンディションが上がらなければ、自分が納得するプレーができるわけもなかった。そんな状態のまま、僕はキャンプを終え、シーズンの開幕を迎えることになった。

チームの結果も伴わなかった。鹿島アントラーズとのＪ1開幕戦に3－4で敗れると、続く第2節の大分トリニータ戦も1－1の引き分け。第3節の浦和レッズ戦では、1－4で大敗を喫してしまった。3試合を終えて1分2敗。悪いほうに僕の不安は的中したのである。

チームが勝てないことで、キャプテンとして強く責任を感じていた。夜になっても眠れなくなり、一向に自分自身のパフォーマンスは上がらない。まさに悪循環。負のスパイラルに陥った僕の心身は、ついに破綻を来《きた》していった。

そして違和感が目をおそった。どこか目がぼやけるのだ。それは視力が低下しているとか、目がかすむといったものとは異なる感覚だった。目の焦点が合わなくなるとでも言えばいいだろうか。まさに２００３年のときと同じあの症状だった。

「いったい自分はどうしちゃったんだろう」

「急にサッカーがへたになってしまったのかな」

そのとき、浩司が同じ症状を訴えていたことを思い出した。前年の２００５年に、浩司ははじめて「オーバートレーニング症候群」でチームを離脱していた。そのときは、ふたりにとってはじめての症状だったということもあり、僕自身もそこまで浩司の状況を深刻には捉えていなかった。特に浩司は、２００４年にアテネ五輪に出場していただけに、いわゆる「燃え尽き」ていたのだろうと思っていたからだ。

ただ、浩司が苦しんでいたときに、こう言っていたのだ。

「なんとなく目がぼやけるんだよね」

まさに、僕がプレーしているときに感じたのと同じだった。

浩司に細かく、そのときの症状を聞いた。すると、聞けば聞くほど、その感覚は恐ろしいくらい一致していた。

その時期には、重い体を引きずって、なんとか練習場に足を運んでいたが、少し走っただけでも息が上がるようになっていた。そして、目の違和感は日に日に増していった。これまで普通に見えていた景色がまったく見えなくなっていく。子どものときからずっと蹴ってきたサッカーボールが、どうトラップすればいいかも、どう蹴ればいいかも分からなくなった。チームメイトがどこにいるかも分からず、今まで見えていた視野が急に失われていた。パスが来ても、突然ボールが現れる感じがして、どう対応すればいいか分からず、パニックに陥ってしまった。

よく野球やゴルフの選手が陥る症状に「イップス」というものがある。精神的な理由などから動作に支障が出て、思うようなプレーができなくなる症状を、そう呼ぶそうだけど、まさにそれに近い感覚だった。

さらに、プレーだけでなく、日常生活においても支障を来していった。睡眠不足に加えて、食欲不振にも陥った。そんな状態で練習しているから、プレーの質はどんどん下がっていった。そして、ついに僕は、第4節の京都サンガ戦を前に、試合を休ませてもらえるようにお願いをした。

チームは、僕が出場しなかった第4節の京都サンガ戦も2－2で引き分け、第5節のガンバ大阪戦は1－3で敗れる結果に終わった。これで開幕から5試合未勝利。

キャプテンとして、チームの窮地《きゅうち》から逃げるわけにはいかない。すでに精神的にも、肉体的にも限界に達していたし、ぼろぼろの状態だったけど、残された気力を振り絞って、僕は第6節のアルビレックス新潟戦でピッチに立った。だが、当然と言えば当然だが、自分自身のプレーはもちろん、チームも機能することはなく、結果は1−1の引き分け。第7節の川崎フロンターレ戦にも先発で強行出場したが、このときはもう、正直、コンディションなんて言っていられる状態ではなかった。

結果的に、川崎フロンターレ戦では後半27分までプレーした。記録を見ると、桒田《くわた》慎一朗と交代してベンチに下がっているが、そのときの記憶を正確に思い出すことはできない。

この試合を最後に、僕は試合からも、チームからも離脱した。

今なら思う。もっと早く正しい対応をしていれば、チームに迷惑をかけることもなかったのかもしれないと……。もっと早く正しい判断をしていれば、チームは勝利を手にしていたのかもしれないと……。

そして、そこからは、さらに体調は悪化の一途をたどっていった。

食事をしても、おいしいと感じることはなくなっていた。

新聞や雑誌を読んでも内容が頭に入ってくることはなかった。

テレビでバラエティー番組を見てもおもしろいと思うことはなかった。

笑うこともなければ、喜ぶこともない。自分自身への怒りすらない。

喜怒哀楽のすべてが失われていく感覚――。

僕は、本格的に心の病に陥っていた。

処方された薬を見て《うつ病》を考えた

２００６年４月８日、Ｊ１第７節の川崎フロンターレ戦を終えた僕は、監督の小野さんに、自分が陥っている状況と症状を伝えた。浩司には症状について話すことに抵抗はなかったが、他人に自分が抱えている悩みを打ち明けるのは、本当に勇気のいることだった。ましてや、体が重い、体がだるい、ボールが見えにくい、判断力が鈍くなっている、さらには、眠れずに睡眠不足が続いているといった症状をこと細かに話したところで、理解してもらえるだろうかという危惧《きぐ》もあった。

でも、これ以上、心身ともにプレーを続けることはできなかった。だから、思いきって小野さんにすべてを話すことにしたのだ。

「もう、僕、精神的にも肉体的にも限界なんです」

詳細を伝えると、小野さんはこう言ってくれた。

「よく分かった。チームのことは心配せずに、ゆっくり休んでくれていいから」

チームが勝てず、監督である小野さんもつらい時期だったはずなのに、快く認めてくれたことは感謝しているが、キャプテンとしてチームが苦しい時期にグラウンドを離れることになり、申し訳ない気持ちでいっぱいだった。

監督である小野さんの許しを得たことで、これ以上、サッカーをしなくてもいいと思うと、少しだけ気持ちは楽になった。同時に、焦りとも違う感情に襲われた。

「自分はこれから、どうなってしまうのだろう……」

この先もサッカー選手としてプレーしていくことができるだろうか。以前と同じように日常生活を送ることができるだろうか。夜になったら、ぐっすりと眠ることができるだろうか。ご飯を食べておいしいと思うことはできるだろうか。みんなと心の底から笑い合ったり、楽しんだりすることができるだろうか。僕は、不安の二文字に支配されていた。

前もってチームのトレーナーやドクターには言ってあったので、病院を紹介してもらった。浩司が「オーバートレーニング症候群」になったときに、診察を受けたという病院に行くことになった。僕はそこではじめて心療内科へと足を運んだ。

もちろん、心療内科に行くことに、まったく抵抗がなかったと言えば嘘になる。周りの人に知られれば、白い目で見られるかもしれない。サッカー選手という職業は世間に顔や名前が出る。このことを知られてしまえば、悪い噂を立てられたり、軽蔑《けいべつ》されたりするかもしれない。ただ、それ以上に、病院に行くことで症状が治るのであれば、回復するのであればと、わらにもすがる思いのほうが強かった。病院では、一般の患者さんが少ない時間帯に来院できるように配慮してくれた。

それに、前年に浩司が心療内科に通院したことで、再びピッチに戻ってきたという事実が、僕の背中を後押しした。

症状が悪化しているときは、記憶も曖昧だし、客観的になれないから、鮮明に覚えているわけではないが、このとき僕ははじめて、自分が《うつ病》なのかもしれないと考えた。心療内科の医師からは、はっきりと《うつ病》と言われたわけではなかったが、処方薬には、睡眠薬もあれば、抗うつ薬や抗不安薬もあったからだ。

「自分はきっと、うつ病なのかもしれないな……」

曖昧ながらもそう実感していた。

そして、診察を受けた医師に「オーバートレーニング症候群」と診断され、クラブから公式発表を出してもらった。

サッカーのことを一度、忘れてみる

試合はもちろん、練習場にも行かなくなった僕は、ずっと家に閉じこもっていた。

とにかく明るい光を見るのが嫌だった。日中は、部屋のカーテンを閉め切って、布団にくるまっていた。夜になっても、部屋の電気をつけることはなく、ずっと横になっていた。気力が湧かないから、まず動かないというか動きたくなかった。食欲もないから、ろくにご飯も食べない。ほとんど風呂にも入らない。髪はぼさぼさ、髭は伸びっぱなし。でも、そんなことはどうでもよかった。真っ暗な部屋で、ひたすら布団にくるまっていた。でも、横になったからといって、眠れるわけではなかった。頭のなかではつねにサッカーのことを考えていたし、自分への落胆、未来や将来への不安……本当にさまざまなことが駆け巡った。ただ、ただ、僕はずっと横たわっていただけだった。

「サッカーやめようかな」

いつしか、そう思うようになっていた。それほどまでに、追い込まれていた。

当時はまだ恋人だった妻の志乃は、心配していつも様子を見にきてくれた。当時、志乃も働いていたから、家に来るのは仕事を終えた夕方から夜にかけてだった。でも、彼女が来るからといって、僕には格好をつける余裕はなかった。だから、志乃が部屋に来ても、僕は真っ暗な部屋に閉じこもり、じっとしていた。

そんな生活が10日くらい続いただろうか。あるとき志乃がこう言った。

「少しでもいいから、気分転換に外に出たほうがいいんじゃない?」

きっと、僕の変わり果てた姿を見て、いたたまれなくなったんだと思う。そして、志乃は旅行に行こうと言った。だが、僕はまったく乗り気ではなかった。

「きっと温泉に行っても楽しめないだろうし、志乃だって楽しくないと思うよ」

そう言うと、志乃はこう言ってくれた。

「楽しめなくてもいい。一度、サッカーのことを忘れたほうがいいよ」

チームメイトは練習や試合をしているというのに、自分は遊んでいてもいいのだろうかという罪悪感があった。テレビで試合を見る気力はなかったが、それでも結果だけはチェックしていた。志乃には頭の片隅にずっとサッカーがあることを見透かされていたのだ。

他にはゲームセンターに行ったり、釣りに行ったりした。最初は、楽しめなかったけど、少しずつ夢中になっている自分がいた。サッカーのことはずっと心の奥底に引っかかっていたけれど、ゲームや釣りをしていれば、その時間だけは少し忘れられた。

心療内科には定期的に通い、少しずつ外出もできるようになったことで、次第に食欲も湧いてきた。調子がいいときには、両親や浩司をはじめとした家族や親しい人と話をすることができるようになった。周りの人からは、「今年1年は休むくらいのつもりで、ゆっくりすればいい」と言ってもらえたことで、心が軽くなった。

ただ、僕がゆるやかながらも回復しつつあったなかで、サンフレッチェ広島はずっと苦しんでいた。それを忘れたこともまた、一度もなかった。

目の前が晴れたある人のひと言

まさに青天の霹靂《へきれき》とは、こういうことを言うのだろう。つらい別れと同時に、運命的な出会いがあった。

僕がグラウンドから離れ、日常生活すらままならない状態でいたとき、サンフレッチェ広島も窮地に陥っていた。J1第8節のジュビロ磐田戦に0－3で敗れると、小野さんは、成績不振の責任を取って監督を辞任することになった。

そのニュースを知った僕は気力を振り絞って、小野さんに電話をした。

「力になれずに、本当に申し訳ありませんでした」

体調の優れなかった自分には、そう伝えるのが精一杯だった。

「全然、そんなことはないよ。カズにはたくさん力になってもらった。こちらこそ、ありがとうな」

そう返事してくれた小野さんの言葉に、自分が情けなくなった。監督が一番苦しいときに力になれなかったキャプテンとして、監督交代という事実は重く心にのしかかった。

2006年は、ドイツ・ワールドカップが開催されたため、ゴールデンウィークが終わると、J1は長期の中断期間を迎えた。チームはそれまでの暫定ということで、コーチだった望月一頼《もちづきかずより》さんが指揮を執ることになった。

僕自身も、心療内科への通院と、サッカーから離れてリフレッシュしたことによって、徐々に日常生活が送れるようになっていった。

でも、一度、練習から遠ざかってしまっていただけに、どんな顔をしてチームメイトの前に姿を見せればいいか分からなかった。また、日常生活が送れるようになったからといって、すぐに練習を再開すれば、再び体調を崩すのではないかという不安もあった。ようやく親しい人になら、連絡ができるようになっていた僕は、まずは弟の浩司に電話をして、チームの様子や雰囲気、さらには状況を聞いた。

そのころだったと思う。当時、サンフレッチェ広島の強化部長を務めていた織田秀和《おりたひでかず》さんから電話があったのは。織田さんは、僕が練習を休むようになってからも、頻繁に連絡をくれ、僕の状況や様子を気にかけてくれていた。

「新監督が正式に決まったよ。その新監督が挨拶をしに練習場に来るけど、もしよかったらカズも顔を出してくれないか」

それでも、周囲の反応や視線が気になって迷っていた僕は、志乃に相談した。すると、彼女はこう言った。

「せっかく、そう言ってもらえるんだから、思いきって顔を出してみれば」

練習場に行くと決めてからも、当日の朝は、腰が重かった。どんな顔をしてチームメイトのみんなと会えばいいかが分からなかったのだ。でも、そんなとき、背中を押してくれたのが、志乃の言葉だった。さすがに、いきなり練習に参加することはできなかったけれど、車を走らせて、練習場のある吉田サッカー公園に向かった。

クラブハウスに着くと、その人は2階にあるテラスでタバコをくゆらせていた。

ミシャこと、ミハイロ・ペトロヴィッチさんだった。

今度の監督はどんな人なんだろうと思い、おそるおそる挨拶をすると、ミシャは開口一番にこう言った。

「自分のしたいようにしてくれていいよ」

驚いた表情を浮かべると、ミシャは通訳を介してこう続けた。

「練習に出たいなら出てくれればいいし、出たくないなら出なくてもいい。私が監督でいる間はカズにその権利を特別に与えるから。自分のしたいようにすればいい」

その言葉に、一気に目の前の霧が晴れた気がした。

ミシャは、僕がプレーしている姿を、直接、見たことは一度もないはずだった。まだ、練習でさえボールを蹴る姿を見ていない自分に対して、「好きにしていい」と言うのだ。その言葉には、驚いたと同時にうれしさもあった。

家に帰ると、すぐさま志乃に電話をした。

「すごいんだよ、今度の新監督。まだ、一度も僕のプレーを見ていないはずなのに、『好きにしていい』って言ってくれたんだよ」

「そんな言葉をかけてくれる監督のもとで、またサッカーができるのはいいことだね」

電話口の志乃の声も、どこか弾んでいるようだった。

そして、その日を境に、僕は練習場に足を運ぶようになった。

一時は、サッカー選手という職業をやめようとまで考えていただけに、ボールを蹴ることができる喜びは大きかった。

ジョギングから練習をはじめたので、最初はチームメイトが練習する様子を外から見ているだけだったが、ミシャが行う練習はどれもが新鮮だった。何より、ミシャが求めていたことは、自分が思い描いているサッカー観とマッチしていた。日々、吸収することや確信することが多く、気がつけば、サッカーがしたいと思うようになっていた。全体練習に合流してみれば、刺激を受けることがたくさんあり、サッカーが楽しいと感じられるようになった。チームを離脱する前に感じていた、目の違和感もなくなり、迷うことなくボールを蹴られるようになっていった。

そして、ドイツ・ワールドカップによる中断期間が終わり、J1が再開した2試合目。2006年7月22日に広島ビッグアーチ（現・エディオンスタジアム広島）で行われたJ1第14節のジェフ千葉戦で、ピッチに戻ることができた。

その後、何度も離脱と復帰を繰り返してしまったために、このときの光景や心境を思い出すことができない。ただ、ピッチに戻れたことが心底うれしかったこと、サポーターが僕の名前をコールしてくれたことは覚えている。

夏場を過ぎて、チームの結果がついてきたことも、僕の体調を上向きにさせた。ポジションは、ボランチではなく、DF《ディフェンダー》での出場だったが、僕をどん底から救ってくれた監督の力になりたいという思いが活力になった。2006年はその後、体調不良に悩まされることもなく、残りのリーグ戦全試合に出場できた。チームが残留を決めたJ1第31節の京都サンガ戦では、後半41分にフリーキックに合わせると決勝点をマークして、勝利に貢献した。最終的にチームは10位でその年のJ1を終えることができた。

このときは、もう二度と心の病になることはないだろうと思っていた。だから、この症状に陥ったことで得られたであろう教訓もなければ、再発を恐れて注意することもなかった。ただ、このときは、ピッチに戻れたことが、サッカーができることが幸せだった。

第2章

オーバートレーニング症候群も心の病

森﨑浩司

7
KOJI

プロローグ（森﨑浩司）

「自分の弱さを見せられる人が、本当に強い人なんですよ」

ある人に言われたその言葉は、今も僕の心にしっかりと刻まれている。

僕、森﨑浩司は、サンフレッチェ広島で17年間、プロサッカー選手としてプレーすることができた。一度も移籍することなく、同じクラブでプレーできたことは、現役を退いた今、本当に幸せだったと感謝している。しかも、双子の兄弟であるカズ（森﨑和幸）とともに、ずっと同じ道を歩むことができた。双子でプロサッカー選手になった人はあまり多くないし、生涯同じチームでプレーした双子の選手となれば、さらに稀だろう。

ただ、僕らには、双子というだけでなく、もうひとつ、大きな共通点があった。それは、ともに心の病を抱えながら、選手生活を送ってきたということだ。選手時代は、「オーバートレーニング症候群」と発表したこともあるけれど、実は現役を引退する2016年まで、何度も《うつ病》の症状に苦しんできた。2008年から2009年には、自身の人生のなかで、最も重い症状に陥り、試合どころか、練習場からも離れるほどだった。日常生活を送ることもままならず、ときには「死」を意識したこともあった。

でも、そのたびに、周囲の人に助けられ、ピッチに戻ることができた。改めて自分の人生を振り返ってみると、家族をはじめ、本当に多くの人々に支えられて、今日まで歩んでこられたことを強く実感する。

もし、サンフレッチェ広島でプレーしていなければ、もっと早い時期に現役を引退することになっていただろう。とっくに選手としては解雇されていたかもしれない。だから、広島という町、サンフレッチェ広島というクラブ、そして応援してくれた周りの人たちへの感謝は尽きない。

はたして、そんな自分が、これまで経験したつらいことや苦しいことを文章として残すことに意味はあるのだろうか。そう考えたことは一度や二度ではない。振り返る必要もなければ、わざわざ誰かに伝える必要もないのではないだろうか。そう思ったこともある。

そんなとき、選手時代の出来事がよみがえった。それは、僕が心の病を克服し、再び試合に出場できるようになったときのことだ。サンフレッチェ広島の練習場までわざわざ訪ねてきてくれた方が、涙を流しながらこう言ってくれたのだ。

「病気を克服して、ピッチに戻ってきた姿を見て勇気をもらいました」

話を聞くと、その人も病を抱え、苦しんでいたという。でも、僕が復帰したことで、自分も一歩を踏み出すことができたと、繰り返し「ありがとう」と言われたのだ。むしろ、その言葉を伝えたいのは、僕のほうだった。幸運なことに、そうした機会は何度かあった。それこそ、引退した今でも、同様の理由で声をかけてもらえることもある。

「自分が発信することで、誰かが何かを変えるきっかけになるかもしれない」
「自分ががんばることで、周りの人に勇気や希望を持ってもらえるかもしれない」

そのとき、僕は改めてこう思ったのだ。

現役時代も、その思いがあったから、僕は、いつもピッチに戻ることができた。自分の過去であり、心のうちをさらけ出すことには、正直、気恥ずかしさもある。もっと言えば、情けないとさえ思う。でも、そのとき、冒頭の言葉を思い出す。

これは、精神科に通うようになって、主治医から言われたメッセージだ。

選手としてプレーしていたときの僕は、自分の弱さを見せることもできなければ、自分自身で認めることができなかった。理想と現実の狭間《はざま》で苦しみ、悩み、そして心と精神を病んだのだ。でも、今はそれが自分の弱さだったと認めることができる。そして、そこが今の僕の強さとまでは言えないけれど、よさだとも思っている。

僕自身は専門医ではないので、自分の経験を綴ることしかできない。でも、そうした過去と事実を伝えることで、誰かの勇気になり、何かのきっかけになることができたら……。

僕自身が支えてもらってきた多くの人たちに恩返ししたいという思いを込めて、自分の人生をさらけ出すことができればと思う。

自分で自分を追い込み陥った不眠症

僕がその症状にはじめて苦しんだのは、２００５年の春だった。

前年の２００４年に僕は、アテネ五輪に臨む日本代表に選ばれた。わずか18名という狭き門をくぐり抜けたことに、素直に喜びを感じた。同時に、日本の代表として世界の舞台で戦うことの責任感も強く抱いた。アテネ五輪は、グループステージ敗退という結果に終わったけど、初戦のパラグアイ戦に先発出場し、第2戦のイタリア戦と第3戦のガーナ戦に途中出場した。結果を残せなかったことは、悔いが残ったけど、U-20日本代表として出場した2001年のFIFAワールドユース選手権に続き、国際大会を経験できたことは大きな財産になった。次に目指すのはトップ、A代表だと、自分のなかでも明確な目標として捉えていた。

だから、当時、住んでいた家の玄関に、「日本代表に入る」「サンフレッチェ広島でタイトルを獲る」と、目標を書いた色紙を飾っていた。毎朝、練習に行くときに、その色紙を見ることで、自分を奮い立たせることができるのではないかと思ったからだ。

実は、アテネ五輪後に、体調というか、目に違和感があった。なんとなく目が見えにくく、ボールとの距離感がうまくつかめなかった。ときには、ボールが二重に見えることもあった。そのときは、小野剛《たけし》監督やトレーナーに相談し、アテネ五輪を戦った疲労も蓄積していたことから、特別に1週間程度の休みをもらえた。休みの間には脳に異常があるのかもしれないと思い、念のため、MRI検査を受けた。そこでは異常が見つからなかったこともあり、「視力が落ちたのかな」と思った僕は、眼科に行った。

すると、右目の視力だけが大きく低下していた。眼科医に相談すると、左右の視力のバランスが悪いと、物が二重に見えることがあると言われた。そのため、コンタクトをつけて視力を矯正《きょうせい》することにした。すると、目の違和感は和らぎ、プレー中も気になることはなくなった。

だから、そのときは「やっぱり、視力が落ちただけだったんだ」と思っていた。

そして、特別にもらった1週間のオフを終えた僕は、試合に復帰。結果的に、2004年は、J1で25試合に出場し、7得点を挙げることができた。その年、J2からJ1に昇格していたチームも、無事にJ1に残留することができた。

2003年に小野さんが監督に就任したとき、クラブは「3年でJ1の優勝争いができるチームを目指す」という目標を掲げた。2005年は、その3年目となる。自分にとってもチームにとっても、大きく飛躍する1年にしなければと、モチベーションは高かった。

シーズンオフには、クラブも補強を行った。新加入選手は、自分と同じ攻撃的なポジションの選手が多かった。「これはよりがんばらないといけないな。相当、ポジション争いも激しくなるぞ」と危機感を抱いた。僕は見えないプレッシャーを感じて、自分自身を追い込んでいってしまった。

2005年になり、シーズン開幕前の練習がはじまると体に違和感があった。まず異変を感じたのは、「目」だった。どこか、見えにくい。それはかすんでいるというのとも、ぼやけているというのとも少し違った。コンタクトもつけていたし、視力にも問題はなかった。それなのに、目が見えにくいのは、どうしてだろう。練習中も、そのことばかりが気になった。新加入選手とのポジション争いに焦りを感じていた僕は、グアムキャンプに参

加したときには、眠れなくなっていた。

考えれば考えるほど、焦るばかりだった。考えないように努力しても、不安は消えない。当時の自分としては珍しく「考えすぎているな」と思った。早く寝なければと焦るから、余計に眠れなくなる。熟睡できず、つねにどこかに意識はあった。ずっと、まどろんでいるような感覚だった。

グアムでの練習は、フィジカルトレーニングが中心だった。練習は毎日がハードで、体は疲れているはずなのに眠ることができない。コンディションが悪いことは自分にも分かっていたし、周囲にもバレているのではないかと思うと、さらに焦りは増した。それでも、当時の僕は23歳と若かったこともあり、なんとか1次キャンプを乗り切ることができた。

宮崎で行われた2次キャンプになると、実践に近いメニューに変わった。戦術を確認する練習も多く、考えなければプレーできない内容ばかりになった。つねに頭をフル回転させ、瞬間的な判断力が問われた。でも、体調を崩していた僕のパフォーマンスの悪さは際立っていた。睡眠不足で体調が優れなければ、運動量やプレーの質は低下する。プレー内容が悪ければ、必然的に監督やコーチから指摘される回数も多くなる。監督の小野さんからは、「もっと寄せろ！」「浩司、そこだ！」と、名指しでどなられるようになった。おそらく、僕だけチームの意図していることができていないから、目についたのだろう。宮崎キャンプでは、ひとり怒られ続けていた。

人間の心理というべきなのか、弱っているときほど、周りの評価が気になるものだ。よせばいいのに、僕は、小野さんが今の自分をどう評価しているのかを記事を漁《あさ》って調べてしまった。すると、「キャンプがはじまってから、ずっと浩司らしくないプレーが続いている」という発言を目にしてしまった。

当然、さらに焦った。「どうしよう」と思えば思うほど焦りばかりが膨らんでいく。考えてしまうから、さらに眠れなくなり、体調はどんどん悪くなっていった。

小野さんには、年代別の日本代表のときから指導を受けてきた。２００３年にサンフレッチェ広島の監督に就任してからは、たくさんの出場機会を与えてもらい、成長することができた。だから僕はアテネ五輪に出場できたという感謝があった。期待も感じていただけに、不甲斐ないプレーをしていることが、焦りと不安を誘発した。

たとえ「夜、眠れない」と話したところで、理解してもらえないだろうと思っていた。当時は、ふたりとも同じ症状に悩まされることになるとは思っていなかったから、カズにも相談することはできなかった。だから、不眠症になっていることも、体調が悪いことも周りから隠すことに必死だった。

キャンプ中は、小野さんにも打ち明けることはできなかった。不甲斐ないプレーが続いていることの言い訳にしか聞こえないと思ったからだ。

そんな状態だから、いつしかレギュラー組から外され、僕は控え組として練習することになった。相変わらず夜は眠れず、体調も悪いままだった。おまけに、レギュラー組から外されたことで自信も喪失した。

小野さんに、体調が優れないことを話したのは、宮崎でのキャンプが終わり、広島に戻ってからだった。すでにシーズンは開幕し、パフォーマンスの悪かった僕は先発で起用されることはなかった。一向に回復しない体調と状態に、このままプレーを続けていくわけにはいかないと考え、ついに打ち明けることにした。

「すみません。休ませてください」

直接、監督に話したのか、それともスタッフを通じてだったのかはもう覚えていない。その後、チームドクターとも話し、不眠症に陥っていること、体調が優れないことを告白した。チームドクターでは判断できないとして、僕ははじめて心療内科を紹介された。不眠症に陥ってから、かなりの時間が経過していたこともあり、心身ともに疲弊しきっていた。それだけに、少しでも回復する可能性があるならと思い、僕は心療内科へと足を運んだ。

すべてに該当した心療内科のチェックシート

最初に感じた症状は、目の違和感だったけど、しばらくすると頭も働かなくなった。思考力が低下して、相手の言葉が耳に入ってこない。おまけに、うまく話すこともできなくなった。チームメイトに話しかけられても、とっさに言葉が浮かんでこない。もしかしたら、記憶障害や言語障害に陥っているのではないかと、恐怖を覚えた。

プレーでは、目の違和感が強かった。目がかすんだり、ぼやけたりしているから、プレーに集中できなくなった。体はずっとだるく、動くこともしんどかった。

紹介された心療内科で、初診で記入する症状のチェックシートを見ると、そのすべてに該当した。どんな項目があったかは覚えていないけど、僕はすべてに丸をつけた。診察を受けた心療内科の医師からは、すぐにでも練習をやめ、休養したほうがいいと言われた。そこで告げられたのが「オーバートレーニング症候群」だった。

「オーバートレーニング症候群」と診断されたときは、自分でも納得した。実際に２００４年にアテネ五輪を戦った後、「燃え尽き症候群」に陥った。そのときの疲労も抜けきっていなかったのだろうと思った。キャンプから睡眠不足の状態のまま練習をしていたのだから、「それはオーバートレーニング症候群にもなるよな」と思うこともできた。

でも、２００５年のときは、自分が《うつ病》だとは思っていなかった。15年近くも前の話だ。当時の僕は、うつ病という心の病についても名前くらいしか知らなかった。

ただ、これは僕にとっては、序章にすぎなかった。それくらい、このときは、まだ症状としても軽かったのだ。

オーバートレーニング症候群は肉体疲労だけではない

はじめて症状が出たときの不安は計り知れないものだった。特にサッカーをしているときは戸惑った。目がぼやけ、物が二重に見えるから、トラップすらまともにできない。子どものときからずっとできていたことができないのだから、自分はサッカーがへたになったのではないか。そう考えずにはいられなかった。

当初は、そんな症状を深刻に捉えていないところもあったし、当時はまだ恋人だった裕子も、それほど重くは受け止めていなかった。裕子は「(浩司は)繊細な性格だから影響しているのかな」と思っていたようだ。

心療内科は、アスリートである自分には無縁な場所だと思っていた。だから、心療内科に行くことは、カズと両親、そして裕子にしか言わなかった。そして、病院に行き、薬局で処方箋《せん》を受け取るときには、周囲に知られたくないという思いから、代わりに裕子に行ってもらっていた。

治療の間は実家に帰り、両親のもとでゆっくりと過ごした。その間には、オーバートレーニング症候群について自分なりに調べ、同様の症状で試合や練習を休んだことのある選手がいれば、人づてに回復方法や復調したきっかけなどを聞いてもらった。

このときは、２週間ほど休養すると、練習に復帰することができた。休んでいた期間が短かったこと、そして若かったこともあり、試合に出場できる体力はすぐに取り戻せた。そして、２００５年５月１日のＪ１第９節、アルビレックス新潟戦にメンバー入りすると、途中出場ながら試合に復帰した。その後も、パフォーマンスが上がらなかったけど、それでも練習や試合を休むことはなかった。

今なら分かるが、オーバートレーニング症候群も、心の病のひとつだと思う。もちろん、ハードなトレーニングを長期間続けることで、疲労が蓄積し、体が悲鳴を上げているという一面はある。ただ、その疲労は単純に肉体だけでなく、精神面などにも影響を及ぼす。症状が悪化すれば、プレーやトレーニングだけでなく、日常生活にも大きく支障を来《きた》す。実際、僕自身、睡眠不足や食欲の低下、会話が不自由になったことも含め、あらゆる面で、いつもとは違う感覚に苦しんだ。

心の病になるからといってメンタルが弱いわけではない

練習や試合に復帰してからも、体調不良には悩まされ続けていた。

いつも目に違和感があった。はっきりと視界が開けることはなく、いつも目はかすんでいた。いつしか、その状態が当たり前になっていた。日常生活では、ぐっすりと眠れることがなくなった。もはや熟睡という言葉とは無縁になっていた。それ以前と、それ以降で、僕の体は、まるで180度、変わってしまったかのようだった。

本来のプレーがどういうものだったのかも思い出せなくなっていた。症状の影響で、まさに自分自身のプレーを見失っていた。

2005年9月10日のJ1第23節、ガンバ大阪戦だった。数少ない先発出場のチャンスをもらったが、試合中にケガをすると、後半9分で交代した。おそらく、コンディションだけでなく、試合に臨む姿勢も響いたのかもしれない。試合を行った大阪から広島に戻ると、病院で診察を受けた。左足の腓骨《ひこつ》骨折で全治3カ月。それはシーズン中の復帰は絶望的な大きなケガだった。すぐに手術を受け、しばらく入院することになった。

「これで今シーズンは戦わなくてすむ」

僕は、病院のベッドの上で、こう思った。

完全には体調が回復していなかった自分は、試合に出られるような精神状態ではなかったのかもしれない。僕は、ケガをしたことで「休める」と心の底から思った。

病院のベッドでゆっくりと時間を過ごしていると、気がつけば体調は回復していた。練習をしなくてもいいから、目の違和感もない。翌日のコンディションを気にしなくていいから、ぐっすりと眠れる。久々に体調はよくなり、頭もすっきりして、誰かと話すときに言葉が出てこないという症状を感じることもなくなっていた。

ただ、ここで言っておきたいことがある。オーバートレーニング症候群と、精神的な弱さは、まったくの別物だということだ。

説得力には欠けるかもしれないけど、僕は自分が決してメンタルが弱いとは思っていない。それは、その後も含めて、何度もオーバートレーニング症候群やうつ病になりながらも、克服して試合に復帰することができたからだ。ピッチへと戻る過程は、骨折や打撲といったケガから回復するときとは、比べものにならないほどの努力と苦痛を伴う。だから、何度もそこに立ち向かい、そして乗り越えてきた自分を、決してメンタルが弱いというひと言で片付けたいとは思わない。

もし、オーバートレーニング症候群や心の病に陥ったアスリートが、復帰を目指そうと、あがき、はい上がろうとしていれば、逆に「この人はなんてメンタルの強い人なのだろう」と、僕は尊敬の眼差《まなざ》しで見るだろう。それは心の病に苦しみながらも、日常生活を取り戻そうとしている人に対しても一緒だ。

その過程での苦しさやつらさを、僕自身が経験し、知っているからだ。

だから、僕は心の病に苦しんでいる人たちが、精神的に弱いとは少しも思っていない。むしろ、繊細で、強いからこそ悩んでいるのだろうと思う。

それだけに、２００５年にケガをしたことで、「シーズンを戦わずにすむ」と思ってしまった当時の僕は、純粋に選手としての心構えもなく、未熟だったとしか言えない。

矢印が外に向いているときはエネルギーが満ちあふれている

２００５年のシーズン後半に負ったケガによって、体調不良という現実から目を背けることができた僕は、すっきりとした気持ちで２００６年シーズンを迎えていた。同じポジションの選手を妙に意識することもなければ、監督の目を気にすることもなかった。２００６年のキャンプは何も不安を抱えることなく過ごすことができた。これほど、自信を持ってシーズン開幕を迎えられたのは、後にも先にも２００６年だけだったかもしれない。

その自信が監督の小野さんにも伝わったのか、２００６年の開幕戦に僕は先発出場することができた。ホームに迎えたのは、Jリーグ屈指の強豪、鹿島アントラーズだった。

この試合でマッチアップしたのが、ルーキーだった内田篤人《あつと》選手。試合前の情報では、高校を卒業したばかりで、鹿島アントラーズでのデビュー戦になるという。プロの試合ではよくあることだが、デビューまもない選手は経験も浅いため、対戦相手としては攻略しやすくなる。このときも、こちらの左サイド、鹿島アントラーズの右サイドを狙っていこうという話が出ていた。

だが内田選手は、物怖じしないどころか、デビュー戦で鹿島アントラーズのスタメンに抜擢《ばってき》されるだけの技術と運動量を持っていた。僕らは狙うはずだった左サイドからの攻撃を仕かけられなかった。それどころか、こちらの左サイドを何度も内田選手に突破された。監督には、それが僕のパフォーマンスが低いことに原因があるように見えたのだろう。

前半を2–3で折り返すと、僕はハーフタイムに交代を命じられた。結果的にサンフレッチェ広島は3–4で鹿島アントラーズに競り負け、初戦を落とすことになった。

開幕戦で途中交代となった僕は、続く第2節ではベンチスタートになった。その後も先発に戻ることはなく、途中出場が当たり前になっていった。

自信を持って臨んだシーズンだっただけに、試合に起用してもらえない現状に納得がいかず、くすぶっていた。これはのちのち気づいたことだけど、矢印の矛先が自分ではなく、外に向いているときは、エネルギーに満ちあふれている。このときも、矛先は、自分を起用してくれない監督に向かっていた。

そういうときの僕は、活力がみなぎっている。だから、途中出場したJ1第6節のアルビレックス新潟戦と、先発した第7節の川崎フロンターレ戦では、2試合連続でゴールすることができた。結果を残すことで自分の力を証明していくしかないと、自然とポジティブな思考と力が湧いていた。

体調に不安はなく、自信をみなぎらせていたが、チームの成績はふるわなかった。

2006年のサンフレッチェ広島は、開幕戦から大きくつまずいた。鹿島アントラーズとの開幕戦を落とし、第3節の浦和レッズ戦では1－4と大敗、第5節のガンバ大阪戦でも1－3と黒星を喫した。僕は、その浦和レッズ戦とガンバ大阪戦はベンチにも入れなかった。調子がよかっただけに、見返してやろうというパワーへと変わった。

当時、若くしてチームのキャプテンを任されていたカズは、攻守がかみ合わず、結果の出ない状況にずっと悩んでいた。そして、キャプテンとして責任を感じていたカズは、体調を崩すと、チームを離れることになった。

サッカーの話をすれば、サンフレッチェ広島は、この年から試みた4－4－2システムが、開幕からうまく機能しなかった。攻撃陣と守備陣とで意見が食い違い、大きくバランスを欠いていた。そのことで、開幕前から、キャプテンであるカズが悩んでいることは知っていたし、何度も監督のもとに相談に行っていたことも知っていた。僕は攻撃的なポジションを任される選手ではあったけど、中盤で守備を担うカズの考えに歩みよろうとした。結果さえ出ていればいい方向に歯車が回り出しただろう。ただ、このときは、結果もついてこなかった。チームをまとめる立場にあったカズが、さらに悩むのは、当然の状況でもあった。

もちろん、思い悩んでいるカズに、手を差し伸べられなかったことは、兄弟としても後悔した。でも、このときの僕とカズは、症状について話はしても、心のうち、そして苦しみのすべてをさらけ出すことはできていなかった。目がかすむ、ぼやける。よく眠れない。そういったことを口にすることはあったけど、抱えている不安や精神的に追い詰められていることまでは打ち明けられずにいた。そこには兄弟とはいえ、同じチームでプレーするライバルとしての意地もあったのだろう。

カズの離脱後も、チームは苦戦が続いた。開幕から8試合未勝利が続くと、第8節のジュビロ磐田戦を終えて、小野さんは成績不振の責任を取って監督を辞任した。

小野さんには、ユース年代の日本代表のときから指導を受け、サンフレッチェ広島の監督に就任した２００３年には、Ｊ２を戦うチームの主力として起用してもらった。そのＪ２

時代にふた桁得点を記録できたことで、選手として大きな手応えをつかむことができた。その年に得た自信があったから、僕はアテネ五輪に出場することもできた。２００６年は、コンディションがいいときでも、なかなか試合に起用してもらえず、不満を抱えたこともあったけれど、何よりチームの、そして小野さんの、力になれなかったことが悔やしかった。

２００６年はチームとしても選手としても、体調以外のところで苦しんだシーズンだった。その一方で、大きな転機もあった。小野さんの後任としてサンフレッチェ広島の監督に就任した、ミシャことミハイロ・ペトロヴィッチ監督との出会いだ。

ミシャのもとでサッカーができたことで僕は選手として大きく成長することができた。そして、何より人として、ミシャには大きく助けられた。それくらいミシャとの出会いは、僕の人生において大きな意味を持っていた。

トラウマであり、コンプレックスであり、責任

僕にはトラウマというか、コンプレックスというか、責任を感じていることがあった。それは、サンフレッチェ広島がＪ２に降格した２００２年と２００７年のことだ。

プロ１年目の２０００年は、Ｊリーグ新人王に輝いたカズとは違い、僕は４試合にしか

出場することができなかった。プロ２年目の２００１年も、アビスパ福岡戦（Ｊ１ ２ｎｄステージ第７節）でプロ初ゴールを決められたことはうれしかったけど、それ以外はさっぱり。この年、カズと同期のコマ（駒野友一）は、クラブからすでにひと桁の背番号を託されていたのに、僕は背番号「22」から「15」。クラブの期待度が、そこに表れているような気がして焦りもした。

のちに、監督という立場でもお世話になる森保《もりやす》一《はじめ》さんの後を引き継ぎ、背番号「７」を付けるようになったのが２００２年。プロ３年目になったその年、僕はようやく試合に出場できるようになった。しかし、チームはクラブとして初めてのＪ２降格を経験した。試合に出られるようになっていただけに、自分なりに重く受け止めていた。

２度目のＪ２降格となった２００７年。前年の夏にミシャが監督に就任すると、再びコンスタントに試合で起用してもらえるようになった。はじめてオーバートレーニング症候群を発症した２００５年も、続く２００６年も、途中出場が多かっただけに、モチベーションは高まっていった。何よりミシャのサッカーは、自分に新しい景色を見せてくれた。毎日の練習も驚きと発見の連続で、自分がうまくなっていると実感することができた。

２００７年は、チームとしても個人としても、さらに結果を残そうと息巻いていた。

しかし、その年、チームはＪ１を16位で終えると、京都サンガとのＪ１・Ｊ２入れ替え

戦にも敗れ、2度目のJ2降格を余儀なくされた。

「自分に責任があるのではないか」

京都サンガに敗れてJ2降格が決まった2007年12月8日。広島ビッグアーチで涙を流すサポーターの顔を見て、そんなことを考えていた。

「自分が試合に出ていたから、チームはJ2に降格してしまったのだろうか」

2002年も、2007年も、自分が試合に出られるようになったタイミングだっただけに、その責任を強く感じていた。もしかしたら、自分のプレーが原因なのではないか。サポーターが落胆する姿を、打ちひしがれる姿を見れば見るほど、自分を呪い、自分を責めた。

結果に関係なく、ずっと応援してくれたサポーター、支えてくれたスタッフ。そうした人たちに対する申し訳なさを痛いほど感じた。再びJ2で戦うことになった2008年は、自分自身にも厳しく、何より結果を求めてプレーしようと誓った。

それなのに、僕の体は、徐々に違和感に襲われていった。まるで不安にむしばまれていくかのように……。

それは、〝地獄〟のような日々のはじまりでもあった。

2008年シーズン終盤、僕はオーバートレーニング症候群を再発しチームを離脱することになった。

第3章

ふたりに共通していた症状

森﨑和幸

8

KAZU

自分に言い訳をしたJ1・J2入れ替え戦

2006年の夏にチームに復帰してからは、しばらくオーバートレーニング症候群に陥ることはなかった。それは年が明けて、新たなシーズンがはじまっても変わらなかった。

迎えた2007年、サンフレッチェ広島は、再び窮地《きゅうち》に立たされた。

ミシャことミハイロ・ペトロヴィッチさんが監督に就任すると、僕らは新たなサッカーに取り組むことになった。簡単に説明すると、ポゼッションサッカー――ボールを保持しながら、コンビネーションにより相手ゴールに迫る攻撃的なサッカーへと転換を図ったのだ。そのサッカーは、練習を重ねれば重ねるほど、試合をこなせばこなすほど、連係と精度が高まっていった。それくらいミシャの指導は、自分たち自身も「うまくなっている」と実感できるものだった。

だが、ミシャが監督になって時間が経つと、対戦相手も策を練ってくるようになった。当時のチームは、ミシャが抜擢《ばってき》した若手選手たちがたくさん先発に名を連ねていたため、チームとしては相手の対策を打ち破るだけの経験値が足りなかった。チームは攻撃陣と守備陣とで意見が分かれ、まとまりに欠けていた。本来ならば、そうした状況を、生え抜き選手であり、中堅という年齢に差しかかっていた僕が取りまとめなければいけなかったのだろう。でも、前年にキャプテンでありながら、チームが苦しいときに離脱したという負い目があった。

シーズン序盤、チームは勝ったり負けたりを繰り返していた。だが、6月中旬に行われたＪ1第15節の鹿島アントラーズ戦に1－5で大敗すると、そこから7試合勝ち星に見放された。さらに、9月15日のＪ1第25節、浦和レッズ戦からは5連敗を喫した。

そうした状況でも症状が出なかったのは、試合に出場できていることを幸せだと感じられていたからだった。

ところが、僕の場合、チームの結果が出ないと、その原因を自分に向けてしまうところがあった。その年、チームは、リーグワーストとなる71失点を記録したように、守備に原因があることは明白だった。3バックの一角でプレーしていた僕は、失点の多さに責任を感じ、ボランチが本職である自分がＤＦ《ディフェンダー》を務めること自体が難しいとすら思っていた。

チームは16位でリーグ戦を終えると、京都サンガとＪ1・Ｊ2入れ替え戦を行うことになった。Ｊ2で3位の京都サンガと、Ｊ1残留をかけてホーム＆アウェイで戦うのである。

忘れもしない２００７年12月5日。サンフレッチェ広島は、第1戦を戦うため、敵地となる京都に乗り込んだ。プレッシャーは感じていたし、自分のサッカー人生においても、大事な2試合になることは分かっていた。同時にJ1で戦ってきたプライドもあり、負けるはずはないだろうという思いもあった。

結果的にサンフレッチェ広島は京都での第1戦を1-2で落とした。前半28分に右サイドを突破されたこぼれ球をFW《フォワード》の田原豊に押し込まれた。さらに前半39分には、コーナーキックの流れからクロスを上げられ、再び田原にヘディングシュートを決められた。

そして、0-2のスコアのまま前半を終え、ロッカールームに戻ると、僕はミシャから交代を命じられた。チームは試合終了間際に1点を返したが、1-2で第1戦を落とした。

僕は、前半で交代させられたこともあり、サポーターから失点の責任が自分にあると思われたのではないかと考え込んでしまった。選手だけでなく、スタッフや関係者、さらにはサポーターも含めて、ひとつになって戦わなければならない状況なのに、僕は自分のことだけを考えていた。もともと本職ではないポジションでの起用だったから、前半で交代させるくらいならば最初から自分を起用しなければよかったのではないかという思いもあった。あのときの僕は、J1・J2入れ替え戦に重圧を感じていて平常心ではいられなかったのだと思う。

だから、僕は当時開設していた自分のブログに思いの丈《たけ》を綴った。その内容は、自分が相手FWのマークを担当していたわけではないという内容のものだった。しかしそれは逆に、ファンやサポーターにとっては、マークを担当していたチームメイトを批判していると受け止められてしまったのだ。実際、僕がブログに書いた内容は、間違いなく自分への言い訳でしかなかった。その結果、当時は炎上という言葉こそなかったが、ブログのコメント欄は非難の嵐になった。

今思えば、情けないとしか言いようがない。とにかく、あのときは、自分には非がないことを伝えたい、気持ちを分かってもらいたいという一心だった。

そして、第1戦を終えて、ストッパーとして試合に出場するのであれば、第2戦は自分ではなく、他の選手を起用してほしいと、ミシャに申し出ようと腹をくくっていた。それは、プレッシャーのかかる試合から逃げるというのではなく、チームが勝つために、最善の選択をしてほしいという思いからだった。

第2戦は12月8日に、広島ビッグアーチで行われる予定だった。第1戦を終えた翌日、広島に戻ってきた僕らは、急遽《きゅうきょ》、ミーティングを行った。そこでミシャは、第1戦の試合内容についてコメントをした。第2戦までは中2日。時間は限られている。ミシャに申し出るのであれば、このミーティング後しかないと思った。だから僕は、ミシャのもとに行くと、こう言った。

「僕のことは起用しなくていいので、試合に勝てるメンバーで戦ってください」

ミシャは、「分かった」とも、「そうする」とも言わずに、僕の言葉を聞いていた。未だに真意は分からないが、僕の心境や本心を読み取っていたのかもしれない。ミシャは、監督就任以来、はじめて第2戦前の前日練習を非公開にすると、そこで僕をボランチで起用したのである。

ミシャにボランチとして起用されたのは、それがはじめてだったように記憶している。ただ、ボランチでプレーできることになったあのときの自分は、なぜか自信に満ちていた。もちろん、ストッパーとしてプレーした1年間は、その後の自分にとって、まったく無駄にはなっていない。ボランチに戻ってプレーするようになった自分が、試合をコントロールしたり、相手の状況を読んだり、さらにはチームメイトの心境が分かったりするようになったのも、すべてはストッパーとしてプレーしたこの1年間があったからだ。

ただ、ボランチでプレーした第2戦も京都サンガのゴールをこじ開けることはできなかった。そして、第2戦を0−0で終えると、サンフレッチェ広島のJ2降格は決まった。僕がサンフレッチェ広島でプロになって2度目となるJ2降格。その事実と結果に、責任を感じていた。

自分の命と同じ価値

16時にキックオフした試合が終わったころには、辺りは真っ暗になっていた。広島ビッグアーチは、山のなかにあるだけに、陽が暮れると一気に冷え込む。試合を終えて、汗の引いた体に、J2降格という現実が冷たく突きつけられた。

広島に生まれ、サンフレッチェ広島のユースで育ち、トップチームへと駆け上がってきた。この町には誰よりも愛着があるし、クラブを応援してくれる人たちへの思いもある。

2002年にJ2へ降格したときは、自分のことで精一杯だった。でも、2度目の降格となった2007年は違った。チームの中心という意識が自分のなかには芽生えていた。何より、この町は、このクラブは、自分が心の病になり、サッカーができなくなったときも見捨てずに、サポートし続けてくれたし、ピッチに戻ってくるのを待っていてくれた。

当たり前のように、自分の身近にある存在。それは家族のようでもあり、友人のようでもあり、そして家のようでもあった。

自分がこのクラブを、2度もJ2に落としてしまった……。

2018年に現役を引退することを発表した記者会見で、「自分にとってサンフレッチェ広島とは？」と聞かれ僕は、こう答えた。

「人生のすべてでした。僕の命と同じくらい価値のあるものだと思っています」

この思いが生まれたのは、クラブが2度目のJ2降格したこのときだったかもしれない。

J2降格が決まった後に行われた、12月15日の天皇杯5回戦では、観客数が大幅に減少し、クラブとサポーターの乖離《かいり》を強く感じた。サポーターの、ファンの、信頼を取り戻そう。僕はその後、現役を引退するまで、ずっとその思いを抱き続けてきた。2007年以降も、何度も心の病を患い、チームを離脱したけれども、そのたびにピッチに戻ってこれたのは、このときの思いがあったからかもしれない。

ただ、2度目のJ2降格が決まったとき、サンフレッチェ広島が再び浮上するためには、ミシャの力が必要だと思っていた。その背景には、2006年にオーバートレーニング症候群になり、チームを離脱していた僕に対して、無条件に信頼を寄せてくれたことも大きかった。

でも、理由はそれだけではなかった。ミシャが掲げているサッカーのスタイルは、決して間違いではないという確信があった。ミシャのもとでプレーを続けていけば、必ず選手たちはうまくなるし、必ずチームも強くなるという実感があった。

だから、批判を覚悟の上で、僕はJ2降格が決まった直後のミックスゾーンで、記者の人たちに向かって、こう言った。

「Ｊ２降格は決してミシャの責任ではなく、自分たちの責任だと思う。だから、もしも、ミシャが去るのであれば、自分も考えなければいけない」

自分もＪ２降格に対して強く責任を感じていただけに、はなから移籍するつもりなどなかったのだ。ミシャに監督を続投してもらえるように、クラブに、周囲に働きかけるには、それくらいの発言をする必要があると考えていた。きっと、そう思っていたのは、僕だけではなかっただろう。だから、同年代として長年、サンフレッチェ広島で苦楽をともにしてきたヒサ（佐藤寿人《ひさと》）も、「1年でＪ1に戻ってくる」と、あの日、サポーターに約束したのだと思う。

サポーターへの挨拶をすませ、ロッカールームに戻ると、当時は社長だった久保允誉《まさたか》さんが言ってくれた言葉も大きかった。久保さんは、僕ら選手たちにこう言った。

「1年で、もう一度、Ｊ1に戻ろう。だから、君たちの力を貸してくれ。また、みんなでＪ1に戻ってこよう」

僕ら選手たちは知らなかったが、久保さんはすでにこのとき、ミシャ本人に、クラブとしては監督を続投してもらう意志があることを伝えていたという。今でこそ、降格したあとも、監督交代を行わずに、継続性を重視する考え方は浸透しつつある。でも、当時の日本サッカー界において、それは異例中の異例だった。

でも、このとき、クラブが下した英断は間違っていなかったと思う。のちに、森保一《もりやすはじめ》監督のもとで成し遂げた3度のＪ１優勝につながっていったのだから。

些細な言葉を気にしすぎる性格

それは些細《ささい》なことがきっかけだった。

絶大な信頼を寄せていたミシャから言われた言葉だから、心に引っかかったのだろう。

Ｊ２降格の憂き目に遭《あ》ったサンフレッチェ広島は２００８年、ミシャが監督を続投すると、約束どおり1年でのＪ１復帰を果たした。42試合を戦って、31勝7分4敗。開幕から一度も首位の座を明け渡すことなく、Ｊ２優勝を飾ってＪ１昇格を決めると、当時としては最高成績となる勝ち点１００を獲得した。

また、Ｊ２を戦うなかで、僕たちはミシャが掲げるサッカーをブラッシュアップさせていった。ミシャの代名詞ともなった「3−4−2−1」システムとともに、ダブルボランチを担う僕が、最終ラインまで下がってビルドアップに参加するスタイルを築き上げたのも、この２００８年だった。

Ｊ２降格が決まった京都サンガ戦で、はじめてミシャにボランチとして起用された僕は、Ｊ２を戦う２００８年もボランチを任されるようになっていた。思い返せば、長年、コンビを組むことになったアオ（青山敏弘《としひろ》）と、ダブルボランチでプレーするようになったのも、このシーズンからだった。

Ｊ２を圧倒的な成績で優勝したこともあって、Ｊ１でもこのサッカーは通用するという自信とともに２００９年を迎えていた。Ｊ１開幕戦では、培ってきた成果も表れ、横浜Ｆ・マリノスに４－２で勝利した。僕自身も調子はよかったし、チームとしても手応えをつかんでいた。

意気揚々《ようよう》とオフを過ごし、次節に向けた練習が再開したときだった。ミシャに話しかけられると、こんなことを言われたのだ。

「この前の試合だけど、後半の最後のほうは疲れてなかった？」

あらたまって聞かれたわけではなく、ミシャにしてみれば、選手とのコミュニケーションの一環だったのだろう。

「そんなことないですよ。全然、疲れていなかったですよ」

実際、自分自身は疲れていないと思っていたから、そう答えた。でも、ミシャに言われた何気ないひと言が、急に心に引っかかってしまった。

「自分では調子がいいと思っていたけど、ミシャからはそんなふうに見えたのかな」

ミシャの言葉をそのまま受け流せばよかった。でも、僕は、どうしてもそのひと言が気になってしまった。その後の試合中も、試合終盤になればなるほど、運動量や反応速度を気にしてしまう自分がいた。

「少しでも疲れた素振りを見せれば、評価が下がってしまうかもしれない」

「試合終盤の僕のプレーをミシャは見ているのかもしれない」

僕は、再び自分自身をうまくコントロールすることができなくなっていった。そして、精神的にもコンディション的にも、体調を崩していった。

実は、J2を戦っていた2008年も、まったく症状がなかったわけではない。チームは連勝を重ねていたし、やっているサッカーも楽しければ、ボランチとしてプレーできるようになったことにも喜びを感じていた。でも、ちょうどJ1昇格という目標が明確に見えはじめてきた秋ごろだっただろうか。

突然、いつもの症状に襲われたのである。あの目がぼやける感覚だった。このころ、浩司も同様の症状を抱えていた。

「最近、目がぼやけるんだよね」

僕がそう言うと、浩司もうなずいてくれた。

「お前も？　オレも最近、目の調子がおかしいんだよね」

それを聞いた僕は、焦るのではなく、かえって少し安心したことを覚えている。

それでも2008年は、症状が悪化することはなかった。また、久々に浩司とふたりそろって活躍できたシーズンでもあった。浩司は、「3-4-2-1」システムの2列目、トップ下とセカンドトップを兼ねるシャドーでのプレーを確立させていった。それは28得点を挙げてJ2得点王に輝いたヒサに次ぐ、14得点を挙げる奮闘ぶりだった。僕自身は開幕前に、グロインペイン症候群（鼠径《そけい》部痛症候群）になり、ドイツで手術を受けた影響でシーズン序盤を欠場したが、それでも33試合に出場することができた。目の症状が気になった時期はあったけど、J2では、力の差もあった。さらに言えば、この年の12月に長男が誕生した。新しい家族が増えことで、気持ちも前向きになれたのだ。

むしろ症状を悪化させ、チームを離れることになったのは、浩司だった。2008年シーズンが終わるころ、浩司が「地獄」と呼んでいる時間へとあいつは落ちていった。

心のうちを理解し合える唯一の存在

2008年シーズンが終わりに近づくにしたがい、浩司の体調は悪化していった。全日程が終了し、チームはオフに入っていたが浩司の体調が回復する兆しはなかった。

そんなある日、浩司から連絡があった。声を聞けば、そのトーンはいつもとまったく違っていた。

「あのさ……お前の家に行ってもいいかな。話を聞いてもらいたいんだけど……」

兄弟だし共通の友人や知人も多いから連絡を取り合ったり、一緒に食事をする機会はある。ただ、僕も浩司も２００６年に結婚してからは、互いの家を行き来するようなことはあまりなくなっていた。それだけに、浩司が家に来たいと言い出したことに驚いた。それだけ追い込まれているということは、声を聞いただけでも分かった。

もちろん、僕が「ＮＯ」というはずはなかった。家に来たときの浩司は、僕がこれまでともに歩んできたなかではじめて見るほど、苦しそうに思えた。

来るなり浩司は、自分の症状を僕に訴えはじめた。その手元を見ると、一枚の紙を握りしめている。浩司はそこにびっしりと、不安に思っていること、考えていることを書き殴っていた。その内容にも驚き、そして量の多さにびっくりした。

うつ病に陥ると、思考力が低下する。だから浩司も、言い忘れたり、聞き忘れたりしたくないと思ったのだろう。そして、僕になら抱えている不安や陥っている症状、そのすべてを理解し、共感してもらえると思ったのだろう。その気持ちは痛いほど分かった。

僕は、うつ病になったことがない人に、この気持ちを理解してもらえないとは思わない。妻や周りの人たちが親身になってサポートしてくれたことで、何度も立ち直ってこられたように、理解してもらえる部分はたくさんある。ただ、その症状が人それぞれで違い、抱えている不安の原因が異なるように、心の奥底、根っこのところで揺れ動く小さな葛藤や不安は、自分にしか分からないし、言葉にすることも難しい。

だけど、僕らふたりは特別だった。

僕には浩司がいたし、浩司には僕がいた。

いちいち話さなくても、お互いに考えていることが手に取るように分かった。それは、サッカーに限らない。プライベートなことや性格的なところでもそうだった。同じ症状を患ったこともあり、お互いが一番の理解者であり、相談相手になることができた。しかも、同じサッカー選手という職業を選んだから、さらに理解し合える部分や、ふたりにしか分からないことがたくさんあった。

話を戻すと、このときの浩司は、本当に苦しそうだった。浩司の口から出てくる言葉は、不安と、ネガティブな気持ちや考えでいっぱいだった。

「今はとにかく、サッカーのことを忘れて、ゆっくり休みなよ」

浩司の不安を聞き終わった僕は、こう言うことしかできなかった。

自分たちにしかできない症状の説明

浩司はチームドクターから新たな病院を紹介してもらい、心療内科から精神科へと病院を変えると、再び連絡があった。体調を崩し、思考力が低下していた浩司は、新しく通院することになった精神科の病院で、初対面となる先生に、自分自身の症状をうまく説明することができないというのだ。浩司は「これだけは自分の妻にも難しい」と言い、僕に救いを求めてきた。このときは、僕自身も徐々に体調が悪くなりはじめていたのだが、浩司の頼みを聞き入れて、精神科に行くことにした。

このタイミングで浩司は、治療方法を変えた。のちに、僕もお世話になるのだが、このとき出会った精神科の松田文雄先生は、僕らに対して、なるべく抗うつ薬や抗不安薬に頼らず、自分自身の心とうまく付き合っていく方法を試みてくれた。

先生によると、僕らに対しては、これまでの生い立ちやサッカー選手として歩んできた道のりを知った上で、アプローチの方法を考えてくれたという。そのひとつに「精神療法」というものがあった。うつ病の原因となっている不安や障害を知ることで、日ごろの行動や思考、考え方を変えていくというものだった。簡単に説明すれば、性格は変えることはできないが、考え方は変えることができるという。日ごろから、物事をポジティブに変換していくことで、前向きに捉える努力というか、訓練でもあった。

もともと僕らには、完璧を追い求める傾向があった。ハードルを高く設定していたため、少しのミスでも、ネガティブに捉えてしまったり、考え込んでしまうところがあった。また、双子で同じサッカー選手という職業を選択したことにより、つねに身近に比較対象があったことも、そうした考えに影響していたようだ。先生は、そうした僕らの「心の物語」を理解し、ネガティブな思考を、ポジティブなものに変えていくカウンセリングを行ってくれた。サッカーにおいては、ミスしたことにではなく、効果的だったプレーに目を向けていく。そうした作業は、まさに考え方を変えるチャレンジでもあった。

病院に行くと、すっかり変わり果てた浩司の姿があった。それはもう、自分の知っている浩司でもなければ、双子の弟でもなかった。まるで、別人のようだった。

その浩司が気力のない声で言った。

「カズ、頼むよ。オレの症状を先生に説明してくれよ」

まさに、すがるような声だった。もう、サッカーなんて二の次だと思った。家族、兄弟である浩司が元気になってくれるのであれば、それだけで十分だと思った。

振り返れば、あいつは、僕より明るい性格だった。人なつっこくて、誰とでもすぐに打ち解けることができた。僕にとって、そうした浩司のキャラクターがうらやましかった。双子なのに、なぜ、こうも性格が違うのだろうと、考えたこともある。でも、僕の知っている浩司はもう、そこにはいなかった。まるで抜け殻のようだった。

そんな状態で浩司が、初対面となる精神科の先生と、うまくコミュニケーションが取れないことは明らかだった。そして、僕が浩司の代わりに症状を説明した。目の違和感や、ボールを蹴っているときの感覚、さらには日常生活のこと、それに伴う不安や思いをいちから話した。

でも、皮肉にも、これが僕自身の症状を悪化させる引き金となった。キャンプも順調に過ごしていたし、シーズンが開幕してからも、最初は体調が気になるようなことはなかった。でも、運動量が落ちていることが気になりはじめていた僕は、あたかも浩司の病状に引っ張られるようにして体調を崩していった。

気がつけば、夜もぐっすり眠れなくなっていた。頭のなかはいつもサッカーのことや自分のプレーについて考えていた。すると、浩司の言葉を思い出してしまう。

「そういえば、浩司も寝られないって言っていたな」

「オレも同じような症状が出ているのかな」

眠れなくなれば、プレーにも影響を及ぼす。またもや僕は不安に襲われた。再び症状が出てしまうかもしれないという不安から寝られなくなった。僕の精神と肉体は徐々にむしばまれていった。

そして、ゴールデンウィーク最後の連戦となった２００９年５月９日のジェフ千葉戦が終わったときに、こう思った。

「ああ、これはもう無理だな」

その試合を最後に、僕は再びチームから離脱した。

どこにパスを出したらいいのだろう

２００９年５月９日のＪ１第11節ジェフ千葉戦の少し前から、ピッチに立っていても、自分が何をしているのか分からなかった。おそらく、周りには普通にプレーしているように見えていただろう。でも、僕は、パニックに陥っていた。

サッカーでは、ボールが来る前から予測をして、次のプレーを考えておくのがセオリーである。普段ならば、パスを受ける前から、次の展開を考えて、あそこにパスを出そうとか、あの選手につなごうとか考えておく。でも、このときの僕は、それができなかった。パスを受けるのだが、頭の回転が追い付かないから、こうなる。

「このボールをどうしたらいいのだろう」

「どこにパスを出したらいいのだろう」

そんな状態だったから、チームメイトが呼ぶ声も耳には入らない。

「こっち、こっち」「ここにパスをくれ！」と、チームメイトが叫んでいても、その声が聞こえなければ、判断もできないから、体が動かない。まるで、ひとりだけフリーズしてしまったような感覚だった。パソコンの作業をしているとき、一度にいろいろなソフトを立ち上げてしまい、ＯＳの動作が遅くなり、画面をクリックしてもグルグルと虹色のカーソルが回っているだけなんてことがある。そのため、思うように作業ができない経験をしたことがある人も多いはずだ。まさに、このときの僕がそうした状態だった。

ジェフ千葉戦を終えた翌日から、練習を休ませてもらった僕は、病院に行くことにした。症状としては、２００６年のときと一緒だった。体が重く、倦怠《けんたい》感に包まれる。何もしていないのに疲労感が抜けず、つねにだるさがあった。思考力も低下し、何をするでもなく、部屋でずっと横になっていた。３年前と同様、食欲もなければ、気力も湧かない。

実は、２００６年にはじめて症状が出てからというもの、眠れないときには、睡眠薬を服用するようにしていた。当時のドクターから、予防という意味からも眠れないときには、無理に我慢せず、薬を飲んでぐっすり睡眠をとったほうが、練習や試合への負担が軽減される。それが予防につながると言われていたからだ。

ところが、睡眠薬を飲んでも眠れなくなった。それだけに、薬に頼る治療を続けても、この症状を根本的に改善することはできないのではないかと思いはじめた。すでに浩司が通院していた精神科では、薬を併用しながら、考え方そのものを変えるアプローチをしているということを聞いていた。

普段から、物事をプラスに捉えられるようになれば、自分の心ともうまく付き合えるようになるのではないかと思った。だから、僕も浩司にならって同じ病院でカウンセリングを受けることにした。

最初は、治療法を変えることに抵抗があった。すでに体調がしんどくなっていたこともあり、病院を変えること自体が勇気のいることだった。それでも、少しでも楽になりたかったし、回復を実感したかったので、僕は浩司と同じ精神科に通うことを決めた。

第4章

何度も死にたいと訴えた地獄の日々

森﨑浩司

7

KOJI

ゴールという好不調のバロメーター

2007年に京都サンガとの入れ替え戦に敗れたサンフレッチェ広島は、J2に降格することが決まった。2002年に続く2度目のJ2降格だった。「移籍」の二文字がちらつかなかったと言ったら嘘になるけど、広島で生まれ、サンフレッチェ広島のユースで育ってきた僕には、ここを出て行くことなんて考えられなかった。ミシャを続投させると約束してくれたクラブの英断もあり、気持ちは次のシーズンに向いていた。

2008年、チームはミシャの希望もあり、トルコでキャンプを実施した。そのキャンプで、僕は、例の〝目の違和感〟を少しだけ感じていた。このときカズはグロインペイン症候群という股関節に痛みを抱える症状を感じていて、ドイツで手術を行うことになった。僕は目のかすみやぼやけを感じながらも、なんとか自分自身をごまかして、キャンプを乗り切った。

開幕当初はカズが不在だったこともあり、僕はボランチのポジションでプレーしていた。当時は、まだシステムは「3-4-2-1」になる前で、「3-5-2」だった。目の違和感はずっとあったが、開幕戦も90分間プレーしたし、その後も試合には先発出場していた。こんなことを言ったら、怒られるかもしれないが、当時のJ2ではある程度、だましだましのプレーでも通用していたことも救われた。

カズもケガから戻ってきていたJ2第10節の徳島ヴォルティス戦で、僕は2得点を決めると、自然と目の症状も和らいでいった。ゴールを決めることで気持ちが吹っ切れ、症状が気にならなくなったのだ。チームはその後定着する「3-4-2-1」にシステムが変わると、結果と内容が伴うようになった。僕も2列目のシャドーで起用される機会が増えると、さらに調子は上向いた。そのシーズン、僕は14得点を挙げた。「ちょっと調子が悪いな」と思っているときにタイミングよく得点を決められたことで、体調の不安も払拭することができた。

2005年にはじめてオーバートレーニング症候群に陥ってから、3年が過ぎていた。その間に、選手としても成長していれば、人間としても成長することができた。きちんと体調と向き合い、傾向を探る努力もしていた。すると、僕を悩ませる目の違和感は、春先に症状が出ることが多いという傾向に気がついた。

一般的に、季節の変わり目には体調を崩しやすいという。僕がプレー中に感じていた違和感も、そうしたところがあった。もしかしたら、季節との関係があるのかもしれない。春先以外では、季節が夏から秋に変わるタイミングでも目の症状を感じることがあった。

まさに、2008年がそうだった。2008年9月23日のJ2第37節、愛媛FC戦、僕は後半7分に得意の左足でゴールを決め、4−1で勝利した試合でJ1昇格が確定した。いつもなら、吹っ切れるきっかけになるのだが、このときはゴールを決めても目の症状が緩和されることはなかった。

他人と比較することで増した焦り

これはあくまで僕の自己診断だが、僕も「双極性障害《そうきょくせいしょうがい》」、いわゆる「躁《そう》うつ」の症状があると思う。というのも、僕にも「躁うつ」の「躁」になる時期があるからだ。それは、自分の体調や症状を振り返ってみれば容易に察しがつく。

２００８年がまさに、それだった。七夕の7月7日に、第一子となる長女が誕生した。それがあまりにうれしくて、僕はこれ以上ないくらいにテンションが高まっていた。あのときは、すべてがうまくいくような気がしていた。しかも、自分が背負っている背番号は「7」。ちなみに妻と入籍したのも7月7日だった。その記念すべき日に、娘が生まれてきてくれた幸運に、運命的なものを感じた。プライベートの充実は、プレーにも好影響を与えた。7月12日に行われたJ2第26節のFC岐阜戦では、1得点を記録すると、J2第29節のサガン鳥栖戦でもゴールを決めた僕は、まさに無双状態。今ならば、何でもできてしまうような感覚に陥っていた。

サッカーも、プライベートも順調。テンションが高いから、練習や試合でも、いつも以上にハードワークをするし、普段やらないようなプレーもやろうとした。それでもテンションが高いから疲れも感じない。それがまた、心地よかったんだと思う。

当然、そんな状態は長続きしない。伸びていたゴムがやがて弾力を失うように、徐々に体調が崩れていった。それまでは確かにゴールという目に見える結果を残すことが、復調するきっかけになっていた。でも、Ｊ２第33節の水戸ホーリーホック戦から３試合連続で得点をしても、目の症状は消えないし、どこか気持ちも晴れなかった。

ついには、試合中にはっきりと症状を自覚する瞬間があった。それが愛媛ＦＣ戦だった。この試合でサンフレッチェ広島は、Ｊ１昇格の条件となる２位以内を確定させた。その重要な一戦で、僕はゴールを決め、勝利に貢献することができた。

ところが、である。その試合中に、強烈に目の違和感を感じた。

鮮明に覚えているシーンがある。愛媛ＦＣ戦に、ボランチとして出場していた僕は、前半に一度、五分五分の競り合いに負けて、相手に突破を許してしまった。失点にはならなかったけど、プレーが途切れると、３バックの中央を担っていたイリアン（・ストヤノフ）に思いっきりどなられた。試合中で興奮していたこともあり、僕も勢いで言い返してしまった。だが、実はこのとき、すでに相手との距離感がつかめなくなっていた。目がかすむどころか、周りがボワッとしか見えない。チームメイトにそれを説明することもできず、ついついイライラして言い返してしまったのだ。

Ｊ1昇格が確定し、喜んでいるチームメイトとサポーターを見ながら思っていた。

「おかしいな、こんなはずじゃなかったのに……」

試合を終えて、家に帰る車のなかでも不安は消えなかった。長女が生まれて幸せな気持ちで体調もよくなり、ずっといいプレーもできていた。それなのに……。

「どうして、また症状が出たんだろう」

Ｊ2第39節の湘南ベルマーレ戦でも得点を決めた。第41節のサガン鳥栖戦では2得点した。それでも、目がぼやける症状が消え去ることはなかった。

「今までならば、得点を決めれば、忘れることができていたのに……」

いつもと違うことが余計に僕の不安をあおった。

カズには毎日のように「目がぼやける」と訴えるようになっていた。ミシャにも、自分の状況を正直に説明した。ミシャは僕の症状に対して、いつも最大の理解を示してくれた。だから、僕はその年のホーム最終戦を休ませてもらった。チームは、当時としては最速でＪ2優勝を決め、盛り上がっていた。２００９年は再びＪ1で戦えると、喜んでいた。そのなかで僕はひとり、暗い表情を浮かべていた。いつしか僕の心は焦りに支配されていた。

「シーズンオフの間に、この症状は治るのだろうか……」

不安だったから、心療内科にも足を運んだ。

「この状態のまま、J1の舞台で戦うのは厳しいだろうな……」

オフになってすぐのことだった。年明けからはじめる予定だった自主トレに向けて、スパイクやランニングシューズを取りに練習場のある吉田サッカー公園に向かった。ふっとグラウンドに目を向けると、人影がある。よく見ると、ヒサ（佐藤寿人《ひさと》）やアオ（青山敏《とし》弘《ひろ》）が早くもトレーニングをしていた。

その姿を見た僕は、さらに焦りを覚えた。

「もう、あいつらはトレーニングをしているのか……」

シーズンオフの練習は自分のペースでやればいい。正常な状態であれば、そう思っただろう。ところが、チームメイトが走っている姿を見た僕は、自分もやらなければと思い込んでしまった。その結果、心をリセットすることもできなければ、体を休めることもできなかった。

年が明けたころには、さらに大きく体調を崩した。新年を迎え、親戚や知人に会っても、会話が耳に入ってこなかった。話をしていても意識は朦朧《もうろう》としていて、自分が今、何を話していいるのかも分からなくなっていった。

「あと、何日で練習がはじまってしまう……」

そう思えば思うほど不安は増し、焦りへとつながっていった。とうとう、全体練習がはじまろうかというある日、妻の裕子に言った。

「オレ、たぶん、このままじゃ、練習に行くのは無理だと思う。だから、休ませてほしいって、監督に話すわ」

一度でも練習を休むと、その状態が続いてしまうと思っていた裕子は、当然ながら反対したが、僕の必死の姿に、ようやく承諾してくれた。

「分かった。ミシャさんに直接、伝えにいこう」

そして、チームの全体練習が始動する前、僕はミシャに連絡し、会うことになった。

長女が生まれてまだ半年しか経っていなかったのに、一家の大黒柱である自分が仕事を放棄しようとしている。態度には一度も出さなかったけど、きっと、裕子のほうが不安だっただろう。長女を妊娠しているときから、僕は裕子にたびたび体調不良を訴えていた。そのときも、「これから子どもが産まれてくるのに父親になれるのだろうか」と不安にさせていた。そんな僕に対して、裕子は、いつも変わらぬ態度で接してくれた。プレーや体調に違和感を感じているときには、遠征先のホテルからいつも電話をかけては、その不安や体調を説明していた。長女が生まれたばかりで、子育ても大変だっただろうに、いつも彼女は、僕の気がすむまで話を聞いてくれた。

ペトロヴィッチ監督に会い練習を休むことを告げた日

ひとりで会うのは不安だったから、僕は妻の裕子を連れて、ミシャとの待ち合わせ場所に向かった。そこは、僕ら夫婦が結婚式を挙げたホテルのカフェだった。

「前に来たときは幸せに満ちあふれていたのに、今はまったく違う精神状態だな」

朦朧とする意識のなかで、そう思ったことを覚えている。

ミシャには自分の症状や状況、そのすべてを正直に伝えた。

「ずっと目の症状がよくなくて、プレーに集中できていなかったんです」

「夜になってもまったく眠れず、今も睡眠不足の状態が続いています」

「オフも休もうとはしていたんですけど、全然休めなくて……」

「今の自分はサッカーのできる状態ではない。だから、正直、休ませてほしい」

包み隠さず、自分の症状を訴えた。通訳の杉浦大輔コーチの言葉を聞きながらミシャは深くうなずいていた。すべてを聞き終えると、こう言ってくれた。

「状況はよく分かった。浩司の好きなようにしてくれていい。だから、休みたいのであれば休めばいいし、練習にまた行きたいと思ったら、来てくれればいいから」

その言葉を聞いて、安心すると同時に僕は休養することを決意した。休むことには勇気も必要だった。始動日に、自分がいなければ、チームメイトはなんと思うだろうか。練習を休むことを決めてからも、周りの反応を気にしている自分がいた。

「今ごろ、チームは練習しているのかな。なんで浩司は練習に来ないのかなって思っているだろうな」

僕だって、人並みに自尊心はある。そもそも、自意識が強いからこそ、心の病にも陥ったのではないか。休んでいるのだから、気にしなければいいのに、つい考えてしまうから、ますます体調は悪くなる。

部屋では四六時中、横になって過ごしていたが、眠ろうとしても眠れない。頭のなかでは、つねにいろいろなことをとりとめもなく考えていた。体を休めていても、頭は一瞬たりとも休まっていなかった。

少しだけ体調がよくなったときには、練習場に行こうとしたこともあった。でも、そう思うと、きまって前日に体調が悪くなる。練習に行くことを強く意識しすぎてしまうのかもしれない。体に緊張が伝わり、動悸《どうき》も激しくなる。妙に興奮しているせいか眠れなくなった。そして、翌朝の体調はひとことで言えば最悪で、練習場に行くことは断念した。

家から外に出ることはほとんどなかった。外出するのは週1回ほど、心療内科に行くときだけだった。それすらつらかったけど、病院に行かなければ回復もおぼつかないだろうと思うと、そこだけは踏ん張った。再び病院では、「オーバートレーニング症候群」と診断された。でも、このころだったと思う。自分自身で《うつ病》を自覚しはじめたのは……。

部屋に閉じこもり、ボーッと過ごす日々のなかで、自分の人生を振り返ることもあった。そのときは、自分をこうした性格に生んだ親すら恨んだ。誰かの、何かのせいにしなければ、自分の精神を保てなくなっていた。羞恥心《しゅうちしん》も強いから、「チームメイトにはどう思われているのだろう」「二度と練習場に足を運びたくない」とも思った。それどころか……。

「サッカー人生をこれで終えたいな」

暗い部屋のなかで、ひとり、そう思っていた。

感覚を共有できる世界にひとりだけの存在

裕子には「一度、サッカーのことを完全に忘れたほうがいい」と言われた。カズも「気分転換したほうがいい」と言い、実際、自分が同様の症状に陥ったときに、ゲームセンターに行ったり、釣りに行ったりして、リフレッシュしたことが効果的だったと話してくれた。他に熱中するものがあれば、サッカーのことを忘れられるかもしれないと思った。

でも、ゲームセンターに行こうが、他のことをしようが、サッカーのことを忘れることはできなかったし、体調がよくなる兆《きざ》しもなかった。心配してくれたクラブの関係者やチームメイトの先輩が連絡をくれることもあった。「気分転換に食事でもしよう」と声をかけてくれることもあったけど、家を出られる状態ではないし、誰かに会う気分にもなれない。心配して連絡をくれた気遣いに応えられない自分が、情けなくもあり、申し訳なかった。そして、そう思うことで、また、心を病んだ。

一向に体調が回復する兆しはなく、そうした状況を見かねたチームのメディカルスタッフが、違う病院を紹介してくれた。病院を変えてみることで、前に進むきっかけになるかもしれないと思ったのだろう。僕はそれまで通っていた心療内科から、違う病院の精神科に通うことにした。診察時には、それまで通っていた病院で処方していた薬を持っていった。

しかし、はじめての先生だったということもあり、うまくコミュニケーションを取ることができなかった。すでに体調が思わしくなく、説明する気力も失せていたため、自分では、症状を正確に説明することができなかったのだ。不眠症、食欲不振、倦怠《けんたい》感、疲労感といった体調についてならまだしも、選手にとって最も重要な目のかすみやぼやけといったサッカーのプレーのことや、サッカーが原因となって抱えている不安は、たとえ妻の裕子でも説明してもらうのは難しかった。

この感覚が分かるのは、世界でひとりしかいない。カズだけだ。

そう思った僕は、カズに連絡をした。精神科の松田文雄先生に会って、自分の代わりに症状を説明してほしいと頼んだのだ。それは懇願に近かったと思う。このときの僕にはカズしか頼める人はいなかった。もがき苦しんでいた僕はすがる思いだった。

また、一向に回復しない症状に、焦りといらだちを覚えていた。だから、僕はとにかく松田先生に、薬の量を増やしてくれるようにお願いした。精神科の先生として、薬の量をなるべく減らしていく治療を勧めていたにもかかわらず……。とにかく僕は、薬の量を増やしてほしい、今すぐにでも楽にしてほしいとひたすら、詰め寄ったのだ。

その結果、先生に薬の量を増やしてもらうことができた。僕の記憶では1回に飲む薬の量は10錠くらいだったと思う。1日に服用する量は、抗うつ薬や抗不安薬を合わせると、30～40錠にまでなっていた。僕の乏しい知識だが、そうした薬は、飲む量もさることながら、摂取するタイミングが大事だという。成分が強いだけに、一歩間違えれば、当然、生命への危険も伴う。

そして、意識が朦朧としていた僕は、そのタイミングを誤ったのだろう。

家に帰り薬を飲んだ僕は、倒れるとそのまま意識を失った。

妻に死にたいと連呼したほどの地獄

僕は、実家に戻っていた。新しく通院することになった精神科が実家から近かったこともあった。何よりも体調の悪化に加えて不安感が強く、何かあればすぐに病院に行ける環境で生活したいという思いが強かった。さらには、生まれたばかりの娘を抱えた妻の育児の環境も考慮しての決断だった。

病院を変えても、すぐに症状はよくならなかった。聞いたところによれば、抗うつ薬や抗不安薬は即効性のある薬ではないので、効果が出はじめるには、服用してから数週間が必要だという。ただ、すでに体調が最悪の状態になっていた僕は、今すぐにでも、その状態から抜け出したかった。当時の記憶は曖昧《あいまい》だが、僕は処方されていた薬を飲むタイミングを間違えて服用した。おそらく、朦朧とした意識のなか、薬を多く飲めば体が楽になるとでも考えていたのだろう。

その結果、実家の階段を上っている途中で僕は気を失った。しばらくして気がつき、自力で起き上がると、階段を上って2階の部屋へ向かった。でも、薬の副作用なのか、めまいがして、天井がぐるぐる回っているように見えた。さらに、全身に感じたことのない、むず痒《がゆ》さを覚えた。

体中が痒くて、じっとしていられなかった。そのむず痒さは、体の表面ではなく、内側から襲ってくるものだった。とにかく、座っていることもできなければ、立っていることもできない。全身がゾワゾワしてつねに気持ちが悪く、落ち着かないのだ。

母親に症状を訴えると、心配した裕子も娘を連れて、すぐに駆けつけてくれた。

精神的にも追い込まれていた僕は裕子の顔を見るなり、こう言った。

「もう……死にたい……こんなにつらいのなら死にたいよ」

すぐに病院に運ばれると、松田先生にも迫った。

「先生は僕のことを殺すつもりなんですか！」

このむず痒さは、きっとカズも経験したことはないだろう。その日はなんとか症状が治まったが、翌日もまた同じ症状に襲われた。再び病院に行くと、先生に訴えた。

「今すぐこの症状を抑えてください。楽にしてください」

精神科では、その症状は抑えられないというので、救急病院で注射を打ってもらい、一時的に抑えることができた。体中がむず痒くなるその症状は、それから1週間ほど続いただろうか。今にもその症状に襲われるかと思うと、朝、起きるのが怖くなった。うつ病から来る症状なのか、それとも薬のせいなのかは定かではないけど、夜になると、少しだけ体調は楽になる。逆に朝はつらいのが分かっているから、必然的に就寝前の睡眠薬を飲むのが遅くなった。何もする気力がないのに、朝方まで起きているようになった。食欲もないから食事はとらない。実家の自室に横になって、ひたすら不安に襲われていた。今でも思う。あのときの僕は、精神が破綻しかかっていたのではないかと……。

つねに死にたいと思っていた。
この世からいなくなりたいと思っていた。
何より、朝が来るのが怖かった……。

自分はどうなってしまったのだろう。もはやサッカーのことは考えられなくなっていた。それどころか、日常生活を取り戻すことすら考えられなかった。生きる希望もなければ、生きたいと思うこともない。ただ、僕は今すぐ、この世から消えてなくなりたかった。

病院に行き、入院させてほしいとお願いした。正体不明のむず痒さや不安に襲われたときに、すぐにでも対処してもらいたかったからだ。妻も、親も、本当は嫌だっただろう。夫が、息子が精神科に入院するなんて……。

でも、少しでも安心したかった僕は、先生にお願いすると、入院させてもらった。何もない殺風景な畳の部屋には、布団が敷かれていた。そこでも、僕は死にたいと考えていた。

「高いところから飛び降りれば、死ねるのではないか……」

「自分で自分の首を絞めれば、死ねるのではないか……」

「薬を大量に飲めば、楽になれるのではないか……」

そんなことばかりを考えていた。今でも裕子は、このときのことを思い出したくないと言う。僕自身も、そう思う。現役を引退したからこそ、すべてを明かすことができる。そして、思い出すのは、もうこれが最後にしたいとも思う。

それくらい、あの時間は、僕にとって、まさに「地獄」そのものだった。

たくましく感じた妻の言葉と行動

９日ほど入院すると、体のむず痒さも治まったので退院することになった。

ただ、いつその症状に襲われるか分からないから、自宅ではなく、病院に近い実家に再び戻ることにした。僕自身が、退院を受け入れたのには、家族が「何かあったら、すぐに病院に連れて行ってあげるから」と言ってくれたことも大きかった。

裕子には僕の実家で一緒に寝泊まりしてくれと、わがままを言った。まだ1歳になっていなかった長女の面倒を見るだけでも大変だっただろうが、僕にはそれを気遣う余裕すらなかった。僕の実家で生活するのは、きっと妻も苦労したことだろう。

しかも、体調が回復する兆しがなかった僕は、子どもの面倒を見ることもできなければ、むしろ、遠ざけてしまっていた。実家では、妻と子どもと3人でひとつの部屋に寝ていた。つねにそばにいてほしいと言ったのは、他でもない僕だ。それにもかかわらず、川の字になって寝るときに、子どもが自分のところに来ないように、布団で山を作ると、僕は妻と子どもに背を向けて寝た。さすがにそれにはショックを受けたと、のちに裕子に言われた。そのときの記憶がない娘にも、その光景を見せてしまった裕子にも、申し訳なかったと思う。でも、あのときの僕には、娘と一緒に遊ぶ余裕も、一緒に笑う余裕も本当になかった。

実家に戻ってからも、体調は一向によくならなかった。薬の量が減ることもなければ、朝に感じる倦怠感が怖いから、夜になっても眠ることができない。落ちるところまで落ちてしまった自分が情けなかったけど、あのときの僕は、喜怒哀楽というすべての感情がなくなってしまっていた。一方で、つねに不安を抱えているから、突如として絶望感に襲われ、「死にたい」という気持ちにさいなまれる。裕子には、その気持ちを何度ぶつけたことだろう。

そんな毎日がしばらく続いたある日のことだった。意を決したように裕子が言った。

「家に帰ろう」

その表情が決意に満ちあふれていることは、僕にも分かった。でも、病院から遠くなること、そして、誰かがいつもそばにいてくれる状況ではなくなることに不安を覚えた。

「オレが死んでもいいの？　知らんよ？」

そう言って拒むと、彼女はさらに言った。

「大丈夫。私が死なせないから。私が助けてあげる」

まるで、だだっ子のように僕も続けた。

「何かあったとき、すぐに助けてくれるの？」

「いいよ。助けてあげる」

「夜に症状が出たときにも病院に連れていってくれるの？」

「すぐに連れていってあげる」

「子どももいるのに、オレのことを優先してくれるの？」

「大丈夫。いつもそばにいるから」

まるで問い詰めるような僕に、裕子は、そのすべてにうなずきながら言った。

「大丈夫。私が全部、責任を取ってあげる。だから、お家に帰ろう」

いつも明るく、穏やかな性格の裕子が、このときほどたくましく見えたことはない。

実家で倒れ、入院した時期も含めると、2カ月くらい続いただろうか。夫の実家での生活に対しては、「子どもの面倒だけみていればよかったから快適だった」と、妻は笑ってくれる。でも、「何かを変えなければ、このまま状況は変わらないと思った」とも話してくれた。

語りかける裕子の真剣な眼差しに、僕は決意と覚悟を感じた。だから、僕も妻を信じようと思った。そして、家族3人で久しぶりに家に帰った。これが僕にとって、大きな転機であり、回復の兆しを見せる一歩になった。

客観視するもうひとりの自分を作り出す

2009年シーズンのJリーグが開幕してからも、相変わらず僕の体調は思わしくなかったけど、サンフレッチェ広島の試合だけはテレビで見ていた。

チームは2009年のJ1開幕戦で、横浜F・マリノスに4－2で勝利していた。その試合を見て、僕はまた不安を募らせた。

「自分がいないほうが、チームの調子はいいんだな」

「復帰したところで、もう自分の居場所はないんだろうな」

ときどき、連絡をくれていたミシャが自分を信頼してくれていることは分かっていた。でも、外出もままならない自分が練習に復帰したところで、二度とレギュラーに戻ることはできないと思っていた。当時、強化部長だった織田《おりた》秀和さんも頻繁に連絡をくれ、心配してくれていたけれど、もう、サンフレッチェ広島に戻ることはできないだろうと思っていた。

妻の裕子にはいつも弱音を吐きまくっていた。

「オレがサッカーをできなくても一緒にいてくれる？」

きまって裕子は「いいよ」と言ってくれた。

「他の仕事だってできなくなるかもよ？」

そう言っても、いつも、「いいよ」と笑って返事を返してくれた。

きっと、家族が、そして妻がいなければ、僕は心の病を克服することはできなかったし、立ち直ることもできなかっただろう。妻の天性の明るさと強さが、僕を少しずつ快方に向かわせてくれたような気がする。

ある日のことだった。朝、起きると、いつもより少しだけ体が軽かった。「今日だけかな」と思っていたけれど、次の日はさらに体が楽になっていた。もしかしたら、薬の効果が出はじめただけだったのかもしれないけれど、今でも僕は、それが妻の働きかけのおかげだったと思っている。そのときも、すぐに裕子に言った。

「なんだか、今日は体がいつもと違うんだけど。ちょっとだけ楽な気がする」

「ちょっとだけかもしれないけど、前進だね」

自分自身でも体調が回復しているのを実感できたこと、妻に前向きな言葉をかけてもらえたことがうれしかった。

それが回復への大きな一歩になった。病院でもそのことを伝えた。すると、松田先生は、少しずつ薬の量を減らしていくことを提案してくれた。朝・昼・晩、そして就寝前と、服用する薬の量が減れば減るほど、自分が回復していることを実感して、また前向きになれた。病院には週に1度のペースで通っていたが、次第に松田先生と、うまくコミュニケーションが取れるようになっていったことも大きかった。

松田先生は薬を減らしていくことだけでなく、精神療法によるカウンセリングも取り入れてくれた。最初は、思考力が低下していたこともあり、先生が言っている言葉や説明を理解することができなかった。でも、裕子がつねにメモを取り、一緒に努力してくれた。松田先生は、双子である僕とカズの生い立ち、そしてサッカー選手として歩んできたなかで、僕らがつねに比較されてきたということを知った上で面談を行ってくれた。

先生によると、僕らふたりは性格的に真面目すぎるところがあったという。その真面目さゆえに、サッカーに一生懸命に取り組み、努力することで、プロサッカー選手になれたけど、一度その歯車が狂うと、一転して自分を追い込んでしまうのだという。自分自身が完璧なプレーを思い描くあまり、些細なミスも許せず、それが続いたことで不安を抱えてしまったり、気にしすぎてしまうというのだ。

だから、先生からはこんなことを言われた。

「ミスしたことよりもできたことに目を向ける」

「未来や先のことを考えて不安になるのではなく、今を考えること」

「思うようにいかないことも、逆に成長するステップアップとして捉える」

ネガティブな気持ちや思考を、ポジティブな思考、考え方へと変える努力をするようにと教えられた。また、もし自分がネガティブな考えをしたら、それを客観視するもうひとりの自分を作り出すようにともアドバイスされた。ポジティブに物事を捉える作業は、まさにトレーニングであり、訓練でもあると言われた。そうした思考の変化も、体調を回復していく一歩につながっていった。

そのころ、調子がよさそうに見えたカズも、同じ症状を患うと、チームから離脱することになった。そして、僕と同じ精神科に通い松田先生によるカウンセリングを受けることにしたと、連絡をくれた。これまでは、どちらかが心の病に苦しんでいたとしても、どちらかがピッチで活躍していた。でも、このときはじめて、僕らはふたりとも、ピッチから遠ざかることになった。

帰るべき場所、いるべき場所がある

少しずつ、体調は回復していった。朝起きたときに体が軽いと、気分も軽くなる。それだけで、世界が、景色が明るく見えた。気がつけば、薬の量も1回につき3〜4錠にまで減らしても日常生活が送れるようになった。薬を減らす過程では、平衡感覚を失ったり、めまいに襲われたりして、不安になることもあった。だが、松田先生から、体から薬の成分が抜けるタイミングでは、めまいなどの離脱症状が起こると、説明を受けたことで安心できた。

日常生活が送れるようになったことを知人に伝えると、少しだけ体を動かしてみればと言われた。だから、僕の結婚記念日で、娘の誕生日でもある7月7日には、軽く走ってみた。半年以上もろくに運動していなかったから、すぐに息が切れてしまったけれども……。

そして、まるで僕の回復状況を知っていたかのようなタイミングでミシャから連絡があった。きっと、いつも連絡をくれていたコーチの杉浦さんを通じて、僕がどんな状況かを把握していたのだろう。少しずつ体調が回復に向かっていることを伝えると、ミシャは

「一度、練習場に顔を出さないか」と言ってくれた。しかし、いきなりみんなに会っても、どう思われているのか分からず不安だったから、まずはミシャとだけ会いたいと伝えた。そして、ミシャと1月に会ったホテルのカフェで会うことになった。

1月と同じように、家族も連れていった。会うなり、ミシャは僕を強く抱きしめた。僕が最後にここでミシャと会ってから7カ月もの月日が流れていた。ミシャと再会できてうれしかったこと、ここまで本当に苦しかったことを思い出した僕は、ミシャの前で泣いた。隣では妻の裕子がそんな僕を優しい目で見守っていた。地獄のような日々を送っていた僕は、それまで泣くことさえ忘れていたのだ。

その場でミシャは僕にひとつの提案をした。チームはシーズン後半戦に向けて決起集会を行うという。そこに僕とカズに来てくれないかというのだ。僕自身は、練習に復帰するきっかけと、チームメイトに会うタイミングを探していただけに、その提案に前向きだった。

そこでカズに連絡して、事情を説明した。ただ、カズは、あまり乗り気ではなかった。でも、そこは双子だ。カズのことは誰よりも分かる。カズ自身も体調が回復しつつあることは話をしていて分かっていた。きっと、慎重なカズのことだけに、思いきることができないのだろう。そう思ったから、僕はカズの背中を押すことにした。

「一緒に行こうよ。ひとりでは不安だけど、ふたりなんだからさ」

内心では、僕も不安だった。どんな顔をしてチームメイトに会えばいいか、どんな反応でチームメイトが迎えてくれるか分からなかったからだ。ひとりでは無理だったかもしれない。だが、カズと一緒なら心強い。僕らはふたりで決起集会に参加した。

でも、僕らが心配する必要など、何ひとつなかったのだ。チームメイトは以前と変わらない態度で迎えてくれたし、会がはじまれば、すぐにかつてのように話すことも笑うこともできた。そこには、僕が、カズが帰るべき場所、いるべき場所がしっかりとあった。

人と触れ合うこともリハビリ

決起集会をきっかけに、練習場に行くことができるようになった。ただ、半年以上も体を動かしていなかった僕は、とてもじゃないけれど、アスリートの体ではなくなっていた。夏だというのにひとりだけ肌の色は白く、練習に復帰して間もないころは、日焼け止めではなく、サンオイルを塗って過ごした。ひとりだけ肌が白いことが恥ずかしかったからだ。まったく体を動かしていなかったこともあり、体重も落ちていれば、筋肉量も落ちていた。

リハビリは、まず、ウォーキングからスタートした。僕は、あえてスパイクもランニングシューズも履かずに、裸足で芝の感触を確かめた。足の裏が少しくすぐったい感じがなんとも心地よかった。

まだ、頭はボーッとしていたし、目の違和感もあった。でも、練習場に戻ってこられたこと、普通の生活を取り戻せたことが純粋にうれしかった。家に引きこもり、家族以外の人とはほとんど接していなかった自分にとって、毎日必ず練習場に行くこと、そこでチームメイトやスタッフと触れ合うことは、リハビリのひとつだった。

病院にも毎週通い、松田先生に、その経過を伝えた。

「今週はこんなことができました」

そう伝えると、ほめてもらえることがうれしかった。同時に、こうも言われた。

「それができた自分のこともほめてあげてください」

ほんのわずかな手応えでも、自分をほめ、前向きに考えることをアドバイスしてくれた。小さな成功を少しずつ重ねていくことで、リハビリの内容も徐々に変わっていった。最初はグラウンドで10～15分程度、歩くだけだった。ウォーキングをしばらく続けられたら、軽く走ることにした。ジョギングだ。それも最初は10分程度だった。日によっては、気持ちが乗らず、10分程度ジョギングしただけで練習をやめてしまうこともあった。

そこからアスリートとして戻るには、いくつもの段階があった。フィジカルコーチが考えてくれたメニューに従って、徐々にスプリントなどを増やしていく。例えば、サッカーグラウンドのコーナーフラッグから、反対側のコーナーフラッグまでをUの字を描くように、1分間かけて走ったりした。また、インターバル走がある。10分からスタートして、12分、15分、そして本数も徐々に増やしていき、最終的には30分を2本というメニューが走れるようになるまで、日々繰り返していく。全体練習に参加するまで、こうしたフィジカルトレーニングを、強度を上げながら行った。このフィジカルトレーニングはきつかったけれども、歯を食いしばってやるしかない。これができなければ、全体練習に加わることも、試合に出場することもできないからだ。精神療法のカウンセリングと同様、フィジカルトレーニングも、試合に復帰するための訓練と思ってやり続けるしかなかった。

また、ボールを蹴るトレーニングも加わってくる。最初は、ボールを蹴りたいと思ったときに、トレーナーとふたりでパス交換をして、ボールの感触を確かめていった。次第に距離を伸ばし、ロングボールを蹴ってみる。これは、子どものころからの感覚と蓄積があるので、体調やコンディションが戻りさえすれば、それほど難しくはなかった。

復帰までの行程は、ケガをした選手のそれとイメージは近いだろう。休んでいた期間によって、メニューも異なれば、負荷も違う。そのため、ほぼ同時期に練習場に戻ったカズは、休んでいた期間が短かったため、全体練習に復帰するのも早かった。カズと比較してしまう僕は、焦る気持ちもあった。それでも、「自分は自分」と考えられるようになっていった僕は、自分のメニューに取り組んだ。休んでいた期間は自分のほうが長かった。だから、「自分のほうが遅れるのは当たり前だ」と思うことができた。

メニューが進み、走れるようになると、ミシャが全体練習に合流するように声をかけてくれた。まだ、目の違和感も消えていないし、思考力も十分に取り戻せていなかったけど、勇気を出してチームメイトとボールを蹴った。それは8カ月ぶりの全体練習だった。

プレーの質も低かったはずだ。それでも、ミシャはうれしそうにみんなに話してくれた。

「浩司は、ブランクがあっても、これだけのクオリティーでプレーすることができる。これは本当にすごいことだぞ！」

ベストにはほど遠いプレーだということは、自分自身が一番よく分かっていた。でも、チームを束ねる監督からほめられて、うれしくないはずはなかった。

リハビリを開始してから3カ月が過ぎていた。全体練習に参加するようになってしばらく経ったある日、ミシャに呼ばれると、こう言われた。

「次の試合でメンバー入りしてもらおうと思っているけど、どうする？」

まったく不安がなかったと言えば嘘になるし、それどころか不安でいっぱいだった。

「メンバー入りさせてください。よろしくお願いします」

僕はミシャの言葉に、しっかりとうなずいた。

自分自身を信じることが克服への一歩

その日は、澄み切った冬空がスタジアムの上空に広がっていた。

2009年11月21日のことだ。広島ビッグアーチに向かうバスに乗っているときから、僕は涙をこらえるのに必死だった。スタジアムのある広島広域公園にバスが入ると、サポーターの姿が見えてくる。バスを降りてスタジアムに入るときには、「浩司！　浩司！」というサポーターの声が聞こえた。自然と胸が熱くなり、思わず顔を押さえた。

「また、ここに戻ってくることができるとは思わなかったな」

最後に試合に出場してから1年が過ぎていた。

試合当日は、宿泊先のホテルからバスに乗り込み、いつもそうしていたように、試合前は音楽を聞いた。どんな曲だったかはもう覚えていない。たぶん、僕はそのときから涙ぐんでいたように思う。

生まれ育った広島の町並み、いつも試合に向かう見慣れた風景。サポーターはどんな思いで、僕のことを待っていてくれるのだろうか。スタジアムはどんな雰囲気なのだろうか。想像するだけでも、胸にこみ上げてくるものがあった。

試合に出場することは、考えていなかった。そこに戻れたことが、ただ、ただ、うれしかった。

ウォーミングアップのためにピッチに出ると、サポーターが自分の名前をコールしてくれる。それも一度ではなく、二度、三度と……。それが何より幸せだった。

復帰したJ1第32節の名古屋グランパス戦。後半44分に僕はカズと交代してピッチに立った。試合時間は残りわずかだっただけに、ボールに触ったのは一度くらいだったろう。カズと交代した瞬間のことは、あまり覚えていない。でもそれ以上に、サポーターにコールしてもらったことがうれしかった。

このとき、僕は強く思ったことがある。心の病は決して治らない病気ではないということ、そして、人は決して自分ひとりではないということだ。

この時期、メモに書き留めていた言葉がある。

信じる――。

それは、松田先生、妻の裕子、カズ、両親、さらには監督やチームメイトをはじめとするクラブの関係者だけではない。何よりも、自分自身を信じることだった。僕と同じような症状に苦しんでいる人はたくさんいると思う。心の病は、自分のことを見つめると同時に、自分を信じることこそが、克服する一歩になるのではないかと、今、思っている。

第5章

比較され続けたことで強くなった自意識

森崎和幸

8

KAZU

自意識過剰になったわけ

若いときの僕は、つねに周りの目を意識していた。もともと大胆というよりは慎重、ポジティブというよりはネガティブな性格なので、いつも周りの評価が気になって仕方がなかった。だから、チームを指揮する監督やチームメイト、さらにはメディアやサポーターが僕を見る目を強く感じていたのかもしれない。誰も見ていないのに、見られていると意識したり、見られていないところでも、誰かが見ているかもしれないと思ってしまう。ひと言で言えば、自意識過剰だった。だから、練習でも手を抜けなかったし、試合でも必要以上に周囲の評価を気にしていたところがあった。

でも、僕がこういう考え方や意識を持つようになったのには理由がある。双子の僕らは、いつのころからか、周りから見られていることを意識していた。そして、周りの視線を敏感に感じるようにもなっていった。もちろん、すべての双子がそうかは分からないけど……。

広島県広島市安芸区矢野に生まれた僕らは、両親、祖父母、3歳離れた姉と一緒に暮らしていた。両親からは、特にどちらが長男で、どちらが次男という育てられ方をした覚えはない。一緒に暮らしていた祖母はやはり昔の人だったからか、特に長男である僕をかわいがってくれたように思う。そのため、家族で過ごすときは僕は祖母になつき、必然的に浩司は母親になついていた。だから、僕は俗に言うおばあちゃん子だった。

現役時代は身長177センチメートルと、プロサッカー選手としては決して長身ではなかったが、子どものころは体も大きく、それだけでも目立つ存在だった。小学生のころの僕は、いたずら好きで、よく友だちをからかっては、先生や母親に怒られていた。たまに度が過ぎてしまったときには、相手に迷惑をかけてしまい、母親と一緒に謝りに行った記憶もある。要するにどの学校にも、どのクラスにもいるような活発な男の子だった。学生時代、浩司とは一度も同じクラスになったことはなかったが、小学生のときは、一緒に遊ぶことも多かった。当時は、双子どころか、兄弟という感覚があったかどうかもあやしい。ただの友だちのように感じていたかもしれない。

子どものころから、浩司はいつもおいしいところを持っていくヤツだった。おやつがひとつ余って、ジャンケンで勝ったほうが食べることになったとき、勝つのはたいがい浩司だった。テレビゲームでも、やっぱり勝つのは浩司だった。そのせいで、何度もけんかした覚えがある。そんな浩司には、勉強でも運動でも遊びでも、いつも負けたくないと思っていたし、ライバル心みたいなものは、幼いころから自分たちのなかにあったと思う。

僕らがサッカーに出会ったのは小学2年生のときだ。父親は、今では広島カープファンだけど、もともとは読売ジャイアンツのファンだったこともあって、それまでは、サッカーではなく、キャッチボールをして遊んでいた。ただ、体が大きいこともあって、同じ小学校に通う上級生から声をかけられ、「矢野フットボールクラブ」の練習に通うようになってから、ふたりともサッカーをはじめた。それまでは、ほとんどボールを蹴ったことはなかったけれど、ひとたびボールを蹴ると、サッカーの楽しさにのめり込んでいった。

足でボールを扱うことには苦労しなかった。もちろん、最初から何回もリフティングができたわけでもないし、上手にドリブルができたわけでもないけど、思うようにボールを扱えたし、サッカーが難しいと感じたことはなかった。

また、通っていた矢野FCが広島県内においては、強豪チームだったことも大きかった。その矢野FCは、僕らが小学3年生のときにはじめて全国大会に出場したのだが、小学3年生にしてふたりしてそのメンバーに選ばれたことから、僕らは少しばかり注目された。小学3年生で試合に出場するというだけでも珍しかったのに、双子ということでさらに珍しがられたのだろう。メディアに取り上げられたりもしたが、目立つことが好きではなかった僕らは、そうやって注目されることに戸惑った。

小学校の高学年になり、矢野FCの中心メンバーになると、否応なしに広島市内では目立つ存在になっていった。試合をしていれば、「森﨑兄弟、森﨑兄弟」と言われ、その気恥ずかしさや照れくささが、さらに僕らの自意識を育てていった。

小学６年生になると、ほぼ県内では負け知らずだった。小学生でも11人制のサッカーをしていた当時、浩司はＦＷ《フォワード》で、僕はセンターハーフでプレーしていた。当時から、なぜか、他の選手のこと以上に、浩司の考えていることは手に取るように分かった。どのタイミングでパスがほしいか、どのタイミングでシュートを打つか、僕には察知することができた。『キャプテン翼』の翼くんと、岬くん。双子だからやっぱり、立花兄弟だろうか。僕がチャンスメイクをして、浩司が決める。ふたりだけで攻めて得点を決めてしまう試合は、数え切れないほどあった。

中学生になり思春期を迎えると、なるべく双子であることでいじられないようにと、互いに距離を取った。学校で話すことはなかったし、登下校も別々だった。部活でサッカーをするときは一緒に練習もしたし、会話もしたけれども、廊下ですれ違うときには、妙にお互いを意識していた。家では、一緒に食事をしたし、テレビも見たりと、普通に過ごしていたけど、人前で双子だということを、からかわれたり、いじられるのが嫌だった。

身体能力を補う準備や心構え

サッカー選手になりたいと、本気で思ったのは、いつごろだっただろうか。子どものころは、勉強でもサッカーでも一番になりたかった。だから、中学校の卒業文集には、「なんでも1位になりたい」と書いた。そのためにはどんな状況であろうと、どんな環境であろうと全力を尽くすという思いが芽生えたのは、おそらく中学生のときだろう。

19年間に及ぶ、プロ選手生活では、日々の練習から全力を尽くしてきた。クラブハウスに到着するのは、いつも1番か2番だった。誰もいないロッカールームで心を整え、シャワーを浴びて体を目覚めさせると、入念にストレッチをする。つねに100パーセントの状態で練習に参加できるように準備は怠らなかった。練習のときからコンディションには人一倍、気を遣っていたから、前日の睡眠も大切だった。そのため、少しでも寝る時間が遅くなったり、眠れなかったりすると焦ってしまった。

現役を引退した今では、不思議でさえあるが、選手時代は絶えず時計を見る習慣があった。誰かと食事をしていても時間を気にしていた。少しでも遅くなれば、睡眠時間が削られてしまう。自分のペースが崩されたり、リズムが乱れることを極度に嫌っていた。志乃と付き合いはじめたときも、幾度か指摘されたことがある。試合の2日前くらいからは、心身ともに試合モードに入っていくため、恋人といえども会わないようにしていた。ふたりともカフェでゆっくりと過ごすのが好きだったが、試合が近づくと、そうした「ちょっと」の時間でも外出を避けた。きっと、当時の志乃は、「少しくらいは息抜きしても影響はないはずなのに」と思っていたことだろう。

それくらい自分は、すべてを完璧にこなそうとしていたし、ミスや狂いが生じることを極度に嫌う傾向にあった。カウンセリングを受けていくなかで、結果的に、それがうつ病を患う一因になっていたということを知った。だが、特に足が速いわけでもなければ、人より身体能力が高かったわけでもない自分が、プロの世界でプレーを続けていくには、日ごろの準備や心構えでカバーするしか方法がなかった。

中学校では、クラブチームではなく学校の部活に入って、サッカーを続けた。顧問の先生はサッカー経験者ではなかったが、熱心に指導してくれた。矢野FCでプレーしていたチームメイトの多くが同じ中学校に在籍していたから、県内でもそれなりに強かった。中学3年生のときに全国大会に出場すると、ベスト16まで進むことができた。僕はキャプテンだったこともあり、全力でサッカーに打ち込んでいた。

高校の進路を考えたときに、はじめてプロを意識したように思う。それまでは、純粋に全国高校サッカー選手権に憧れていた。だから、サッカーの強い広島県内の高校に進学しようと考えていた。漠然とそんなことを考えはじめていたころ、友人からサンフレッチェ広島ユースの話を聞いた。もし、プロを目指すのであれば、Jリーグの育成組織でプレーするほうが近道なのではないかと言うのだ。そして、その友人も行くというので、中学3年生の夏に、浩司と一緒にサンフレッチェ広島ユースの練習に参加させてもらった。

ひと言で言えば、衝撃的だった。あまりにもレベルが違いすぎて、度肝を抜かれた。当時はJリーグのクラブユースは、あまり知られていなかった。名前の知られている選手の多くは、高校のサッカー部で活躍していたし、僕らがクラブユースの情報を見たり、試合を見る機会はほとんどなかったのだ。

しかし、練習をひと目見た瞬間に分かった。こんなにもうまくて、強くて、レベルの高いチームが広島県内にあるのかと。そのときにはもう、サンフレッチェ広島ユースでプレーしたいと思うようになっていた。この環境でプレーすれば必ずうまくなれる。浩司がどういう思いで、同じようにサンフレッチェ広島ユースに進むことを決意したかは分からなかったけれど、少なくとも僕には、ここがプロに一番近い場所のように思えた。夢であり、目標を叶えるために、僕はサンフレッチェ広島ユースの門を叩いたのだ。

ミスが少ない選手ではなく、ミスを嫌う選手だった

ありがたいことに、現役時代の僕は、「ミスの少ない選手」と言ってもらえることが多かった。パスの成功率が90パーセントをこえる試合も多かったことから、そう評してもらえたのだと思う。性格的にもできるかぎり完璧を追い求め、ミスを嫌う傾向にあったことも、そうした数字を残すことにつながった。

私生活でもそうだった。自分で言うのも、おこがましいけれども、学生時代から身の回りのことはきちんと整理整頓《せいとん》する、キレイ好きな部類に入ると思う。

サンフレッチェ広島ユースに入り、はじめての寮生活では、寮長と寮母さんからサッカー選手である前に、ひとりの人間として自立するなど、多くのことを教わった。朝は点呼からはじまるため、時間を守ることもそのひとつだった。また、それまでは母親がやってくれていた掃除や洗濯を自分でやらなければならず、実家で生活していれば気軽に頼めた買い物も自分でそろえなければならない。些細なことがいかに面倒なことかもユース時代に痛感した。親への感謝もこのときに芽生えたと言えるだろう。もともと、ルールは守るタイプだったので、ユース時代に寮長や寮母さんから怒られたことはなかったし、規則を破

るだけの勇気も持ち合わせてはいなかった。大人になり、いろいろな人と接していくなかでは、ときに「真面目すぎるよね」とか「そんなにきちんとしていて疲れない？」と聞かれることもあった。でも、それが僕のルールだった。

そんな自分のルールに縛られていたことも、のちにうつ病を発症する一因になっていたように思う。自分は当たり前のようにしていることを、周りの人がやらなかったりすると、「なんでできないんだろう」「なんでやらないんだろう」と思ってしまう。それは、サッカーにおいても同様で、自分ができるプレーであったり、試合の流れが分からない選手がいれば、「なんでできないのだろうか」と考え込んでしまうこともあった。そして、それを自分ができなかったり、ミスをしたときに、その矛先は自分に強く向いてしまうのだ。

誤解のないように言っておくと、僕はミスの少ない選手ではない。ミスをするのが嫌いだったのだ。

ユースに入ると、まずは判断スピードの違いに驚いた。パス、ドリブル、シュート、それぞれのプレーを選択する判断力が、中学時代とは比べものにならないくらいに早かった。必然的に高校1年生の僕は、ミスが増える。そして当然ながら、ミスが起こらないようにするためには、さらに判断力を上げていかなければならなかった。そのためには、プレーする前段階で、事前に予測し、準備しておく必要があることに気がついた。例えば、それまでは、自分とボールの距離が2〜3メートル離れていてもコントロールできたとする。でも、ユースでそれをすると相手に寄せられて、簡単にボールを奪われてしまう。ならば、自分とボールの距離を1メートル以内に収めるしかない。そうやって考えることによって、判断スピードや技術も磨かれていった。

母親に「サッカーをやめるかも」とこぼしたユース時代

アスリートは、誰しも性格的に負けず嫌いな一面を持っているだろう。当然、僕にもそうした気持ちはあった。小学生のときも、中学生のときも、全国大会に出場できたし、順調にステップアップすることができていたのだと思う。

最初にサッカーでつまずいたのは、サンフレッチェ広島ユースで迎えた高校2年生のときだった。ユースの環境には、高校1年生の1学期が終わるころには慣れており、レベルにも順応できるようになった。夏には、試合にも出場できるようになり、日本クラブユースサッカー選手権大会では2得点を挙げることができた。中学のときと同様、得点もできる攻撃的MFとしてプレーしていた。ただ、1年生の終わりごろから、なかなか得点を決めることができなくなり、どうすれば得点に絡めるようになるかで悩んでいた。

すると2年生の春に、当時ユースの監督だった木村孝洋《たかひろ》さんから、いきなり守備的なポジションであるボランチでプレーするように命じられた。それまでボランチでプレーしていた選手と入れ替わるように言われたのである。

最初は正直、抵抗があった。説明もなくポジションを変えられたことにも腹が立った。攻撃を組み立て、自ら得点も狙えるトップ下に愛着があったからだ。

「自分はもう、トップ下でプレーすることはできないのか……」

その気持ちをずっと引きずっていた。その後もトップ下で起用されることはなく、ボランチが僕の定位置になった。

加えて、高校2年生のときに、浩司は年代別の日本代表合宿に招集された。ユースに入ってから、一緒に切磋琢磨してきたコマ（駒野友一）も選ばれた。トップチームの練習に呼ばれるときは、いつも3人一緒だっただけに、どこか自分だけが取り残されてしまったような思いがした。さらに浩司は国体の選手にも選ばれたが、僕がそこに選ばれることはなかった。

思い詰めた僕は、母親に電話をすると、初めて弱音を吐いた。

「プロになるのは無理かもしれない……だから、サッカーは高校でやめるかもしれん」

家族にはずっと応援してもらってきただけに、プロサッカー選手になれなかったらと思うと、申し訳なかった。母親はそのときのことを覚えていないと言うけれど、僕ははっきりと覚えている。あのとき、母はこう言ってくれた。

「やめたかったら、別にやめてもいいのよ」

その言葉を聞いて、少し気持ちが楽になった。

日本代表の合宿に呼ばれ、国体の代表選手にも選ばれていた浩司のことが純粋にうらやましかったし、悔しかった。すべてがうまくいかない自分に、あのときの浩司はとてもまぶしく見えた。

母親に弱音を吐いてはいたが、簡単に夢を諦めず、悪あがきしようかとも思った。実になったかどうかは定かではないが、練習を終えて寮に戻ってから、こっそり筋トレをしていた。浩司やコマよりも、自分が劣っているのであれば、ふたり以上に、何かを余計にやらなければ、取り組まなければと思った。

閉ざされていた視界が急に開けたのは、高校３年生の春だった。クラブから、ドイツのデュッセルドルフに短期留学させてもらったのだ。留学したのは、浩司とコマ、そして僕の３人。リードされていると思っていたふたりのなかに僕も加えてもらえたことがうれしかった。日本代表や国体のチームを指揮する監督にはなかなか評価してもらえなかったけど、クラブは違う見方をしてくれているのかもしれない。クラブはふたりだけでなく、僕にも期待を寄せてくれているんだと思えば、急に目の前が明るくなった。

トップチームに昇格できるという話を聞いたのは、ドイツでの留学から帰国して、間もないころだった。当時、強化部長だった織田秀和さんに呼ばれると、正式に通達された。浩司とコマも一緒に、トップチームに昇格できると聞いたときは、素直にうれしかった。

振り返れば、ユース時代はたくさん葛藤もしたし、感情を大きく揺さぶられたりもした。ただ、プロとは異なり、結果によって生活が大きく左右されることもなく、重圧の大きさはまったく違っていたのだろう。日常生活や心に支障を来《きた》すほど、気持ちが沈むことはなかった。

ルーキー時代に感じた挫折の理由

高校を卒業しサンフレッチェ広島と正式にプロ契約を結んだ2000年、僕はJ1の開幕戦で試合に出場することはおろか、控えメンバーに入ることもできなかった。試合が近づくと、自分がメンバーに入れるか、メンバー外かはだいたい分かる。だから、開幕戦の週になり、実践的な練習が増えていくと、自分がメンバー外になることが分かった。悔しさのあまり僕は練習が終わると、当時のチームメイトで、大先輩だった森保一《もりやすはじめ》さんに、思わず愚痴をこぼした。

「ベンチにすら入れないなんて挫折です」

すると、真顔になった森保さんに、こう言われた。

「なにを言ってるんだ。こんなの挫折のうちに入るか」

現在、日本代表の監督を務めている森保さんは、当時はサンフレッチェ広島の中心選手としてチームに君臨していた。森保さんは、同じボランチとして、ポジションを争う相手ではあったが、いつも僕らに目をかけてくれていた。プレーのアドバイスはもちろん、プロとしての姿勢や心構えは、森保さんから学んだといっていい。

その大ベテランに向かって、プロ1年目の若造が、生意気にも1試合、メンバーから外されただけで「挫折」だと口走ったのである。今の自分が、ルーキーの選手にそんなことを言われようものなら、怒りを通り越して、呆れてしまったことだろう。今思えば、当時の僕は、よくも大先輩である森保さんにそんなことが言えたものだ。ただ、森保さんは優しくこう言ってくれた。

「これから、もっと苦しいことやつらいことはたくさんある。こんなのは挫折でもなんでもない」

今なら、自分でも、開幕戦でメンバー外になったことが、挫折のうちに入らないことは理解できる。でも、当時の僕には、一応、明確な理由があった。

僕は、その前年、サンフレッチェ広島としてはクラブ史上初となる高校3年生にして、Jリーグのピッチに立った。デビュー戦は、忘れもしない1999年11月20日、万博記念競技場で行われたガンバ大阪戦（J1 2ndステージ第13節）だった。シーズンは終盤に差しかかり、チームが優勝争いに絡んでいなかったという事情もあっただろう。また、ボランチとして出場していた森保さんが、前節でイエローカードをもらい、累積警告により出場停止だったという背景もあった。そうしたいくつかの要因が重なり、僕はエディ・トムソン監督から先発に抜擢されることになった。

その時期は、第12節のジュビロ磐田戦から、第13節のガンバ大阪戦まで、2週間近いインターバルがあった。そのため合間には練習試合が組まれ、僕はそこでレギュラー組として試合に起用された。そのとき、「これは、もしかしたら次の公式戦で起用されるかもしれないな」と感じた。だから、ある程度、準備というか、心構えをする時間があったのだ。

「夢に見たJリーグのピッチに立てる」

試合当日は、緊張もしたし、不安がなかったわけではないが、そう考えれば「やるしかない」と開き直ることができた。

僕にはときどき、開き直る瞬間があった。普段は慎重だったり、臆病なところもあったりするけど、一度、腹をくくれば、周囲のことを気にすることなく、前に突き進む力があった。このときも、「たとえ、自分らしいプレーができなかったとしても、それはそれで経験になればいい」と開き直ることができた。

万博記念競技場のピッチに入場したときは、過度に緊張することも、フワフワすることもなかった。さすがにJリーグの舞台を楽しみ、かみしめるまでの余裕はなかったけれど……。それでも後半28分までピッチに立っていたのだから、それなりのプレーができていたのだと思う。

森保さんの出場停止が明けたこともあり、残る2ndステージの第14節と第15節で先発することはなかったが、2試合とも途中出場した。さらに、この年、サンフレッチェ広島は天皇杯（全日本サッカー選手権大会）の決勝に進み、元日に国立競技場のピッチに立った。このときも、試合の雰囲気に臆することはなかったし、むしろ、喜びでいっぱいだった。決勝では、腰を痛めて前半で交代し、チームも0－2で敗戦しただけに悔いは残ったが、高校3年生の終わりに貴重な経験を積むことができたと、充実感に満たされた。

今でこそ、あのレアル・マドリードに移籍した久保建英《たけふさ》選手を筆頭に、高校生にしてJリーグでデビューする選手はざらにいる。しかし、Jリーグが誕生して10年も経っていなかった当時は、高校生がJリーグの公式戦に出場するという例はほとんどなかった。

高校3年生にしてJリーグの公式戦のピッチに立ち、さらには天皇杯の決勝という舞台まで経験した自分は、プロ1年目から即戦力として活躍しなければならないと思っていた。

2000年にプロとしてチームと契約した後も、「ルーキーだから仕方がない」とか「プロ1年目だから、試合に出られなくて当たり前」と思う気持ちは、これっぽっちもなかった。そうした思いを抱いていたから、あのとき僕は、森保さんに対して「挫折です」という言葉を口にしたのだ。

つねに意識し、比較してしまう双子の性分

僕は僕だし、浩司は浩司。本心からそう思っている。でもたしかに、一緒にサッカーをはじめ、サンフレッチェ広島のユースに進み、そのサンフレッチェ広島でプロサッカー選手になるという夢を叶えただけに、特にサッカーにおいては、ずっと僕らは比べられてきた。プロになってからは特に双子のJリーガーとして、メディアにも取り上げてもらえるようになったし、注目されるようにもなった。それだけに、僕らが意識せずとも、自然と比較される環境になっていった。

実際、試合でも浩司が得点を決めれば、「カズは活躍しているの?」と聞かれることは、

決して少なくなかった。逆もまたしかりで、僕が活躍すれば、「浩司は試合に出てなかったの？」と、聞かれることもあった。それが一度なら、気にも留めなかっただろうが、幾度となく、さまざまな人から言われれば、さすがに意識するようにもなるし、嫌気も差す。一方が活躍して取り上げられれば、一方は活躍していないと思われる。そうやって、僕らはつねに比較される存在になっていった。

「森﨑兄弟のうまいほうは浩司なんでしょ？」

周りの反応に敏感だった僕は、自然とそうした言葉が耳に入ってきてしまった。

だから、僕らが互いの存在を意識しないようにしていても、自然と互いを比べてしまう状況はそろっていた。もし、ふたりが異なる職業を選んでいたり、違う競技をやっていたり、はたまた別々のチームでプレーしていれば、もう少し状況は違っていたのかもしれない。ふたりともサンフレッチェ広島というひとつのクラブで現役生活をまっとうできたこともあって、結果的に僕らはずっと比較され続けてきた。

また、広島の町を歩いていたり、お店で食事をしているときに、話しかけられて、「浩司さんですよね」と言われることも多かった。性格的にも浩司のほうが人なつっこく、ポジションも浩司のほうが攻撃的だったから得点を決める機会が多く、僕より目立っていた印象がある。特に、浩司は僕より2年先に現役を引退し、サンフレッチェ広島のアンバサダーとして活動しはじめると、テレビやイベントなどで露出する機会が増えた。それからは、特に「浩司さんですよね」と言われる回数が圧倒的に多くなったように思う。これは僕の勝手な被害妄想でしかないかもしれないけど……。

これもまた、自然な人間の心理だと思うけど、浩司のことを意識してしまうのは、きまって自分の調子が悪かったり、コンディションを崩しているときだった。なんでもないときなら、聞き流せることが聞き流せず、気になってしまうのと一緒で、悪いときこそ、自分と浩司を比べてしまうのだ。そうした切り替えがうまくできなかったことも、僕らが心を病んだひとつの大きな原因だと思う。

プロ1年目の2000年は、自分自身に精一杯だったこともあって、浩司のことをまったく意識していなかった。おそらく、自分が順調だったということでもあるのだろう。

プロになって初めて臨んだ2000年のキャンプで、僕はエディ・トムソン監督から、たびたびプレー面での指摘を受けた。一時はその要求の多さに悩み、なんとか理解して試みようとしたが、どう判断し、取捨選択していけばいいか分からなくなっていた。監督の要求に応えようとするあまり、本来の自分のプレーが出せないでいた。

でも、開幕戦のピッチに立てなかったことで、目が覚めたところがあった。自分は経験のある選手ではなく、ルーキーだ。それだけに、今は練習でミスをしたとしても許される。

「自分はなにを怖がっているんだ」

このときも、追い込まれたときに開き直る、自分の性格が顔を覗《のぞ》かせたんだと思う。

そこからは、器用にプレーするのではなく、思いきってプレーしようと考えられるようになった。そう思い直せたことで、監督の評価やチーム内での立場も変わっていった。

すると、Ｊ１第２節のジェフ千葉戦で先発に抜擢され、続く第３節の川崎フロンターレ戦でもスタメンに名を連ねた。１－０で勝利した川崎フロンターレ戦は、僕にとってプロ初勝利だった。試合後には、その喜びをかみしめた。さらに、続く第４節の京都パープルサンガ戦では、プロ初ゴールを記録した。後半14分、左コーナーキックの流れから、相手がクリアしたセカンドボールを拾うと、利き足の右足ではなく左足で決めた。こぼれ球が来たときには、トラップも少しミスしたし、シュートも芯で捉えることはできなかったが、逆にそれが奏功した。ストライカーでもなければ、トップ下でもなかったけれど、やはりゴールはサッカーの醍醐味。プロ初ゴールを決めたことで、サッカー選手としてひとつ階段を登ることができたと思った。当時は２ステージ制だったＪ１で、１ｓｔステージを終えて、13試合に出場して２得点。うち11試合に先発することができた。まだまだ途中交代することは多かったし、ときにはハーフタイムで交代を告げられることもあった。それだけに、とにかく結果を出し続けなければならないと、危機感を抱いていた。

プロになり、ユースのころとは生活も一変した。それまでは学校に行き、帰ってから練習する毎日だったのが、朝から練習になる。練習の強度もユースとは比べものにならないくらいに高ければ、毎日がテストを受けているような気分だった。

それはプロ2年目も、3年目も変わらなかった。もちろん、浩司が活躍していれば、うらやましさや、後ろめたさを感じる。きっと、浩司も同じだったと思う。

僕が浩司のことを強く意識したのは、2004年だった。その年、浩司は、U-23日本代表に選ばれてアテネ五輪に出場したが、僕は落選した。

2003年5月に行われたアテネ五輪アジア地区二次予選以降、チーム内での僕の序列はどんどん下がっていった。その後も、U-23日本代表の活動に呼ばれたこともあったが、試合では控えにまわることがほとんど。同世代で言えば阿部ちゃん（阿部勇樹）もいれば、ひとつ年下では今《こん》ちゃん（今野泰幸《やすゆき》）もいて、ボランチのポジション争いは特に熾烈《しれつ》だった。本大会には、オーバーエイジとして小野伸二さんが出場したので、自分がそこに入る隙間はなくなっていた。だから、早々にアテネ五輪に出場することは諦めていた。

一方の浩司は、逆に序列を上げていき、アテネ五輪に出場する18人という狭き門をくぐり抜けた。アテネ五輪に出場したことで、浩司の知名度は一気に上がった。当時はまだ開催されていたJリーグのオールスターゲームでも、投票数は浩司のほうが圧倒的に多かった。僕も出場することはできたが、そのころから、こう言われるようになった。

「五輪に出場したほうと、出場していないほう」

「うまいほうと、そうではないほう」

そんな声を耳にしたし、はっきりと書かれたわけではないけど、そういう取り上げ方もされた。もちろん僕は、「そうではないほう」というレッテルを貼られたわけだけど……。

僕らがうつ病を繰り返してしまった一因には、お互いを比較し、好不調のバロメーターにしていたところもあるだろう。自分の調子が悪く、浩司の調子がよければ、「なんであいつは大丈夫なのに、自分はダメなんだろう」と思うこともあった。そこから症状が悪化していくこともあった。だから、僕にとっては浩司が、浩司にとっては僕が、うつ病を発症する原因のひとつになっていたと思う。そうした心理に陥ったのは、もちろん自分たちの性格もあったと思うけど、周りの環境によるところもあったのではないかと思う。

同じ症状に苦しんでいる人のことが知りたかった

心の病の症状ついては、主にサッカーのプレーに関してのことを多く綴ってきたので、ここで、その過程や状態を伝えたい。

症状には多少の違いはあるが、最初は、思考力の低下が気になりはじめる。記憶が曖昧になり、人の言葉が理解できなくなる。誰かと会話をしていても、普段はスムーズに出てくる言葉が出てこなくなる。思い出そうとしても、言葉が浮かばない。そんな自分にストレスを感じ、眠れなくなった。不眠に陥ると、サッカーでも判断力が低下するから、ストレスになれば、さらなる不眠症を引き起こしていく。

熟睡できなければ、体はだるくなり、朝起きるのがつらくなる。そうなると、サッカーをしていても、目の焦点が合わなくなり、プレーするのが難しくなった。自律神経や視神経、体がうまく機能せず、つねに倦怠感《けんたい》に襲われるようになる。気持ちも落ちるから、練習に行くのも、外出するのも憂鬱《ゆううつ》になり、練習や試合でプレーできる自信もなくなってしまう。

練習を休むようになると、外出することが億劫になる。部屋から一歩も出ないわけではないが、家の外にはまず出ない。部屋を暗くして、横になって過ごしていることが多かった。僕の場合は、光や音に対して敏感になるため、最初はテレビを見ることもなかった。つねに、体のだるさ、倦怠感を感じていた。他には、動悸《どうき》、頻尿、多汗。汗に関しては、朝起きると、急に脂汗をかいたり、久々に人に会うようなときには冷や汗も止まらなくなる。体温調節がうまくできないから、足先や手先が冷たくなる末端冷え性にもなった。

あとは、「ヒステリー球」と言うそうだが、喉に異物感や圧迫感を感じて、つねに喉がつかえた感覚になる。調べたところ、それは、「咽喉頭異常感症《いんこうとう》」とも言うらしい。何度かうつ病を繰り返すうちに、これも自分の状態を測るひとつのバロメーターになっていた。試合に復帰したときには、喉の違和感は気にならなくなるのだが、しばらくして、その症状を強く感じるようになると、「体調が悪くなっているのかな」と思うこともあった。

部屋で横たわることしかできない時期には、めまいや立ちくらみもひどかった。ずっと横になっていたせいもあったのだろうが、トイレに行くときなどに立ち上がると、めまいに襲われた。そのたびに、「自分の体はどうなってしまったのだろう」と思った。

現役最後のシーズンとなった２０１８年の春には、うつ病の症状に苦しんでいるなかで、実は盲腸になり、しばらく入院していた。手術後は腹部の痛みと、うつ病から過度にストレスがたまり、顔面がこわばってしまった。ずっと顔に力が入っている状態と言えばいいだろうか。口元が麻痺《まひ》しているというか、頬がつっているような症状になった。妻から見てもそれは明らかだったという。こわばった顔を治そうと思っても、治すことができず、「このまま死んでしまうのではないか」と、パニックになったこともあった。あのときは、痛みやいろいろなストレスがいっぺんに重なったのだと思う。表情筋がこわばっているから、うまく息を吸うことができず、過呼吸のような状態にもなった。

日常生活を取り戻していく過程では、食欲がひとつのきっかけだった。症状がひどいときは、食欲がまったく湧かなかった。それでも無理して食事をとろうとしていたから、体重は2〜3キロしか落ちなかったけど、とにかく食欲も湧かなければ、おいしいという味覚もなくなっていた。そうした状態から、1日3食の食事ができるようになっただけでも、進歩と感じられた。

そうなると、少しテレビを見てみようと思ったり、庭に出て日の光を浴びてみようと思えるようになる。人間には、太陽の光を浴びる時間が必要だと言われているが、そうした段階まで進むのに、僕の場合はそれなりの時間が必要だった。

ここから外出して、散歩ができるようになるまでにも、時間がかかる。しかも、ひとりでは外に出たくないから、妻とふたり、もしくは家族4人で歩いていた。でも、調子がいいときもあれば、悪いときもあるから、昨日は散歩できても、今日は行きたくないとやめてしまうこともあった。本当に3歩進んで2歩下がるような日々の繰り返しだった。

だから、練習場に行くというのは、散歩どころの話ではなかった。社会人の人にとって、それは職場に復帰するということになるし、学生にとっては学校に登校するのと同じだ。僕にとって練習場に行くということは、毎回、一大事だった。

練習に復帰してから苦しんだことと言えば、やはり離脱症状だろうか。抗うつ薬を減らしていく過程では、この症状に悩まされた。めまいと言ってしまえばそれまでだが、感覚としては、それとも違う。歩いていたり、走ったりすると、急にがくんと目線が下がる感覚に襲われる。視野が沈むと言えば、少しだけ分かってもらえるだろうか。なかなか言葉では説明しにくい症状だが、急に視野が沈むため、焦ったし、冷や汗をかいた。

ちなみにアスリートだけに、睡眠薬や抗うつ薬といった薬は、ドーピング検査に引っかかるのではないかと、懸念する人もいるだろう。そこは僕自身いつも注意を払っていた。病院で薬を処方してもらうときには、その都度、チームのメディカルスタッフに確認していた。つねに服用している薬は報告していたが、睡眠薬や抗うつ薬、抗不安薬がドーピング違反になるということはなく、僕は薬を服用することができた。

自分自身もうつ病に苦しんでいるときには、同じ心の病を患っている人の症状や回復していく過程が気になり、調べたこともあった。だから、ここで述べたことが、少しでも参考になればと思う。

第6章

少しだけ自分自身をほめてみる

森崎浩司

7
KOJI

根本的には似ている僕とカズの性格

僕らのことをよく知る人は、カズは少し気難しくて、僕はとっつきやすいと言う。そこには双子だけど、長男と次男の違いがあるのかもしれない。でも、根本的には、そもそもの性格は似ているような気がする。

高校3年生のときに、カズがJリーグのピッチに立ち、堂々とプレーしている姿を見て、僕はカズが一歩先に行ってしまったと思って、正直悔しかった。カズが「やるしかない」と開き直ることができた強さに驚き、なおさら尊敬もした。

僕らは二卵性双生児として、広島市安芸区矢野に生まれた。母親に聞けば、幼いころはふたりともかなりの人見知りで、幼稚園の入園式では、母親から離れず、大泣きし、だだをこねまくっていたそうだ。そのエピソードからも分かるように、僕らは人前に出ることが嫌いで、もともとはふたりとも内気な性格だった。

僕とカズがサッカーをはじめたのは小学2年生のときだった。小学1年生の運動会で、サポートをしてくれた上級生から、「サッカーをやらないか」と声をかけてもらったことがきっかけだった。当時は、同級生よりも体が大きく、目立つ存在だったこともあったのだろう。学校で活動していた矢野フットボールクラブでサッカーをすることになった。

サッカーをはじめた最初から、僕はまったく難しさは感じなかった。不思議と、足でボールを扱うことに関しては、すんなりとできた。習いごとといえば、他に水泳教室に通っていたけど、なかなか泳ぎが上達しないので、ふたりとも嫌がっていた記憶がある。だから、余計に最初からうまくプレーできたサッカーの楽しさに夢中になったのだと思う。

体が大きかった僕とカズは、小学2年生のときから高学年のチームでプレーさせてもらった。そこは、矢野ＦＣ時代の恩師である山出《やまで》久男さんに感謝しなければならないだろう。さすがに小学6年生にはかなわなかったけど、上級生と一緒にプレーしたことで可能性を引き上げてもらったように思う。最初はできないことのほうが多かったけど、体の大きさが明らかに違う上級生とプレーしたことで、技術や工夫、さらには強さも身についた。

小学3年生のときに、矢野ＦＣがはじめて全国大会に出場すると、僕らはそのメンバーにも選ばれた。現役を引退した今でも、地元で同年代の人に会うと、当時のサッカー少年で「森崎兄弟」を知らない人はいなかったと、声をかけてもらえることがある。小学6年生になったときには、県内ではほぼ負けることはなかった。だから当時から、かなり目立つ存在だったと思う。

サッカーをしているときは仕方がないとしても、大会の開会式などで、「双子」とか「森崎兄弟」と言われて取り上げられることに、どうしても抵抗があった。

これは、目立つことがやはり好きではなかったカズも同じ気持ちだっただろう。

僕らふたりは、正直に言うとそれが嫌だった。

ユースに加入した本当のところ

カズとは小学校のクラスが違ったから登下校は別々だったけど、家に帰ってからは、いつも一緒に行動していた。矢野ＦＣの練習に行くときには、いつもふたりでボールを蹴りながら練習場に向かったし、友だちと遊ぶときも一緒だった。

その関係性が大きく変わったのは、中学生になってからだろうか。中学校でもクラスが違ったし、遊ぶ友達も違った。それ以上に、自我が大きく芽生え、カズと一緒にいるところを見られるのが嫌になった。思春期になり、カズと一緒にいることに恥じらいを感じるようになった。だから、学校では廊下ですれ違うときにも、意図的に避けていたように思う。家では小学生のときと変わらず、一緒に食事もすれば、一緒にテレビも見ているのに、学校では妙に意識していた。

さらに、僕のほうは、ちょっとした反抗期も迎えていた。

僕以上にまじめだったカズは、中学3年生になると、サッカー部のキャプテンに任命された。そのため、顧問の先生と相談して練習メニューを決め、先生が不在のときには率先して練習を仕切るようになった。思春期に加え、ちょっとした反抗期でもあった僕は、着替えて校庭には行くものの、練習をサボるようになった。サッカー部は、真面目に練習するカズ派と、練習をサボる僕派みたいな感じで分かれていたことがあった。

そのせいで、試合に負けたときにはカズに怒られた。

「お前たちが、真剣に練習していれば、試合に勝てたのに！」

今思えば、もっともだ。でも、当時の僕は少しサッカーから気持ちが離れていた。遊んでいる他の同級生がうらやましく見え、当時、学校では禁止されていたスケボーがやりたくなったり、学校帰りに寄り道したくなったりした。サッカーではなく、他のことに興味を抱いていた。完全にはその誘惑に負けなかったものの、小学生のときは無我夢中でやっていたサッカーに身が入らなくなった。

僕とカズとの間に、キャラクターの違いが生まれたとしたら、まさに中学3年生のこの時期ではないかと思う。

中学卒業後、サンフレッチェ広島ユースに進んだのも、カズがそうしたからだった。

「サンフレッチェ広島ユースに行くことが、プロへの近道になると思いました」

現役時代には、インタビューを受けるたびに、サンフレッチェ広島ユースに加入した理由を、そう答えていた。でも、本音のところは少し違う。僕は、ただ、カズと一緒にプレーがしたかっただけだったのだ。

他のことに目移りしかけていた僕は、当初、高校のサッカー部に行くつもりでいた。中学時代の先輩には、高校でも一緒にサッカーをやらないかと誘われていた。

でも、選抜チームで一緒だった友人が、サンフレッチェ広島ユースの練習に参加するという。そのとき、僕とカズも一緒に行かないかと声をかけてくれた。中学時代も真剣にサッカーに打ち込んでいたカズは、興味津々で練習に参加するという。僕はなかば、そこについていく形で、一緒に練習に参加した。

サンフレッチェ広島ユースの練習にはじめて参加したときは、そのレベルの高さに驚いた。でも、当時はまだ、冬の風物詩として知られている全国高校サッカー選手権大会の知名度のほうが高かったし、その舞台への憧れもあった。Jリーグのユースと、高校のサッカー部とでは出場できる大会も異なる。サンフレッチェ広島のユースに進めば、当然ながら憧れていた選手権の舞台には立てない。それだけに高校のサッカー部でサッカーをやるのか、それともJリーグのユースに行くのかで迷っていた。カズの気持ちを探れば、おそらく広島県内においては、レベルの高いサンフレッチェ広島ユースに行こうとしていることは容易に想像できた。

当時の僕は、カズと別々のチームでサッカーをするイメージが湧かず、「カズが行くなら自分も」と、サンフレッチェ広島ユースに行くことを決めた。ふたりで相談して進路を決めた記憶はない。だから、もし、カズが「高校のサッカー部でプレーする」と言い出していたら、僕はそのまま従っていただろう。

ほめられたいという承認欲求

中学を卒業して、サンフレッチェ広島ユースに加入した僕らは、同時に「三矢寮」での寮生活がはじまった。親元を離れての生活だったけど、不思議と不安はなかった。カズがいたことで、ひとりではないと感じられていたことも大きかったのだろう。

寮は、ふたり部屋だった。誰と一緒の部屋になるかは、寮長と寮母さん、それに当時ユースの監督だった木村孝洋《たかひろ》さんらが相談して決めていたように思うけど、カズと同部屋になったことは一度もなかった。

ユースでは真剣にサッカーに打ち込み、中学時代のように、練習をサボるようなことはなかったし、寮生活もきっちりと送っていた。カズと同様に、根は真面目なのだと、改めてここで言っておきたい。

寮長と寮母さんのふたりには、サッカー選手を目指す前に、「自立できる人間になる」ということを教わった。寮では、「自分のことは自分でやる」というのが当たり前だった。中学までは、親がやってくれていた洗濯や掃除も、自分たちでやらなければならなかった。他には、共同生活をする上で時間を守ることの大切さも学んだ。

ユース時代は、監督や、寮長、寮母さんにも怒られるようなことはなかったと思う。なぜなら、僕のなかには、つねに「ほめられたい」という承認欲求が強くあったからだ。

こうした承認欲求が、のちにうつ病を発症する原因のひとつになっていったのかもしれない。周囲の評価を気にしすぎてしまうことと、まったくの無関係ではないからだ。

承認欲求も、僕の場合は双子だったことが深く起因していた。サッカーをはじめたころから、僕らは目立っていた。幼いころからふたりでほめられることが多く、気がつけば、そこに喜びを感じるようになっていた。また、カズと比較され続けてきたことで、自然と、「もっと、いいところを見せなければ」「もっとほめられなければ」という意識も強くなっていった。そこには、口に出さずとも、必ず「カズよりも」という枕詞《まくらことば》があった。

双子であるがゆえに目立っていた僕らは、小さいころからつねに周囲から噂され、好奇な目で見られることも多かった。そのため、試合会場や街中で話題にされることにも敏感になっていった。周りの人たちが、僕らの顔を見ながら、こそこそと話している。別に悪口を言っていたわけではなかったのだろうけど、僕らを見て何かを言っていることが、いつも気になっていた。双子ということでネタにされ、揶揄《やゆ》されることが恥ずかしかった。僕らは普通にサッカーをしていたいだけだった。それなのに、双子という理由だけで、まるで珍しい生き物でも見るかのような視線を投げかけてくる。それが、僕らふたりの自意識を過剰にし、そしてお互いを意識することから対抗心をも芽生えさせていった。

もちろん、双子であることが、よい効果をもたらした部分もある。「カズよりも」うまい選手と思われたい。「カズよりも」評価されたいという欲が、僕を成長させていったからだ。

しかし、幼少期から自意識が強くなってしまったことで、プロになってからも、それが僕を苦しめてきた。勝手に「カズよりも」と対抗心を抱いていたからだ。カズが評価されることはうれしい反面、悔しさや妬ましさにも変わった。自分がカズよりも評価されれば、うれしくもあった。評価の基準は、いつもカズと自分。いつしか、カズよりもミスを減らさなければという視点に変化していった。

それは、特にサッカーにおいてが強かった。だから、思いどおりにプレーできないことに、苛立ちや苦痛をより覚えるようになっていった。

「ミスしたらどうしよう」

「うまくいかなかったらどうしよう」

その思いに捉われ、思考はつねにネガティブだった。松田先生のカウンセリングによって、この後ろ向きな考え方を前向きに変えていくように努めた。

「ミスしてしまったらどうしよう」ではなく、「ここはミスしたけど、これはできた」と考えるようにした。「うまくいかなかったらどうしよう」ではなく、「うまくいかなかったとしても次に挽回すればいいや」と、思い直すようにした。そうした転換がうまくできるときもあれば、できなかったときもあったりして、苦しんだこともあったけれど、自分の心とうまく付き合おうと取り組んでいくことで、少しずつ、物事をポジティブに捉えられるようになっていったように思う。

プロとして欠けていた心構え

はじめてサンフレッチェ広島のトップチームの練習に参加したのは、高校1年生の夏休みだった。当時はユースの環境にようやく慣れはじめたころだったので、「なんでトップの練習に呼ばれるのだろう」ととまどい、とにかく、びびっていた印象しかない。

トップチームは、あらゆることが桁違いだった。練習には加えてもらうものの、何もかも通用しなければ、練習についていくことすらできなかった。当時は吉田サッカー公園が完成する前だったので、トップチームは広島県呉市にあるグラウンドで練習していた。そのグラウンドは、実家のほうが近かったので、練習に参加するときは実家から通っていた。しかし、そのときはいつも緊張していたから、久々に実家に帰っても、落ち着かなかった。「行きたくない」という気持ちのほうが強いときもあった。それくらい、自信もなかったし、緊張していたのだと思う。

ユースからトップチームの練習に呼ばれたのは、僕とカズとコマ（駒野友一）の3人の場合が多かった。プロになれるかもしれないと実感したのは、その3人で高校3年生の春にドイツに短期留学したときだった。おそらく、当時のユース生としてははじめてのことで、アカデミーの選手に対して、サッカーの本場ヨーロッパで練習する機会を設けてもらえたことで、プロサッカー選手という夢が現実的になった。

カズはその後、高校3年生でJリーグのピッチに立ち、天皇杯決勝の舞台にも立ったが、僕は相変わらず、練習に行くときでも緊張していた。だから、カズの度胸、カズの図太さを尊敬もすれば、先を越されてしまったという思いを抱いていた。そうした心理状態は、当時、チームを指揮していたトムソン監督にも見透かされていたのだろう。のちに聞いた話だが、プロ1年目の僕らをトムソン監督はこう評価していたという。

「カズは練習で出せていることが、試合でも間違いなく出せる。一方の浩司は、カズと同じ能力を持っているが、練習でもいいときと悪いときがあり、プレーが安定していない」

僕はプレーに波があった。練習でひとつ目のプレーがうまくいったときには、波に乗ることができたが、開始直後にミスをしようものなら、それを引きずり、切り替えることができなかった。「ミスをしたくない」「そつなくこなしたい」と思うあまり、勇気を持って積極的なプレーをすることができなかった。「若手だからミスをしても仕方がない」と、開き直ってプレーすることができていたカズと、差が出るのは当然だった。今、思い返せば当時の僕は、それくらいネガティブな考えにとらわれていた。

ちなみに僕のJリーグデビューは、２０００年6月28日のヤマザキナビスコカップ（現・ＹＢＣルヴァンカップ）だった。対戦相手は横浜Ｆ・マリノス。ピッチには中村俊輔さんや三浦淳宏《あつひろ》さんがいて、そのプレーに衝撃を受けた。特に中村さんは、同じレフティだったこともあり、目標にしたいと思った記憶がある。リーグ戦のデビューは、7月15日で、このときも対戦相手は横浜Ｆ・マリノス（Ｊ１　２ｎｄステージ第4節）。当時の試合記録を見ると、カズと交代しての途中出場だったけど、ほとんど記憶にない。それくらい緊張してしまい、頭のなかは文字どおり真っ白だった。

続くアビスパ福岡戦（Ｊ１　２ｎｄステージ第5節）では、リーグ戦初となる先発出場という機会を与えてもらった。だが、試合会場に着いてから、いきなりコーチに「スタメンで行くから」と言われたこともあり、急激に不安に襲われた。先発で試合に出る心構えができていなかったから、ウォーミングアップをしているときから、どこか浮いた心地だった。そんな状態で、試合に出ても活躍できるわけがない。あまりに緊張しすぎていたのか、体はまったく動かず、ハーフタイムで交代を命じられた。

当時は、試合には出場したいという思いはあったものの、いざ、試合に出るとなると、怖さがまさっていた。当たり前だが、試合に出れば、勝敗に関わることになる。その責任とプレッシャーを背負うことが当時の自分には足りなかったのだ。

子どものときから、ほめられる場面が多かったこと、また、そこに自分は喜びを感じるようになっていたこともあり、監督の叱責にますます自信を失っていった。こんな情けない話は、現役中には絶対に口にできなかっただろう。それくらい、当時の自分は、プロとして戦う準備も、心構えもできていなかった。

アテネ五輪に出場するために下した決断

カズとは違い、僕は、プロになってすぐに試合に出場できたわけではなかった。プロ1

年目の２０００年はＪ１で４試合、２年目の２００１年は２試合と、リーグ戦に出場する機会はほとんどなかった。そうした状況にあってもモチベーションを高く維持できていたのは、年代別代表に選ばれていたことが大きかった。２００１年には、カズと一緒にU‐20日本代表に選ばれると、アルゼンチンで行われたＦＩＦＡワールドユース選手権に出場した。所属するサンフレッチェ広島では、なかなか出場機会を得られずにいたけど、その後も年代別の日本代表に選ばれ続けていたことで、周囲に「認められている」「評価されている」「期待されている」と思うことができた。

プロ３年目の２００２年になると、サンフレッチェ広島でも試合に出場できるようになった。２００２年、チームはＪ２降格という結果に終わり、悔しさはあったけど、個人的にはＪ１で22試合に出場できたこと、さらにはシーズンを通して６得点できたことで、自分自身の成長と手応えを感じられた1年だった。

だから、２００２年は自分のなかでは、Ｊ１の舞台でも選手としてやっていけるという確信を得た年だった。その経験があったからこそ、Ｊ２を戦った２００３年は、37試合に出場し、ふた桁得点をマークすることもできたのだと思う。この年からサンフレッチェ広島の監督に就任した小野剛《たけし》さんは、年代別代表のときにもコーチとして指導を受けていたが、その小野さんからチームの中心として活躍を期待されたことも、活力になった。

そうやって段階を踏んで、選手としての自覚や自信を養っていったことが、２００４年のアテネ五輪出場につながったと思っている。

僕は大会前にひとつの決断を迫られていた。あれはアテネ五輪出場をかけて最終予選に臨む前の合宿だった。当時の僕は、年代別代表ではトップ下としてプレーしていたけど、U−23日本代表監督の山本昌邦《まさくに》さんに呼ばれると、こう言われた。

「トップ下のままだと、正直、アテネ五輪の出場権を獲得できたとしても、本大会のメンバーに浩司を選ぶのは難しいかもしれない。だから、左ウイングバックでプレーしてみないか」

同じポジションには、大久保嘉人《よしと》や松井大輔といったライバルがいた。おまけに本大会には、やはりトップ下でのプレーを得意とする小野伸二さんがチームに加わるという話も出ていた。それだけに、トップ下の戦力として僕をメンバーに選ぶことは難しいと、はっきりと言われたのだ。その上で、山本さんは、僕がレフティであることを買って、ポジションのコンバートを提案してくれた。左ウイングバックは本来のポジションではなかったけれど、アテネ五輪に出場したいという思いが強かった僕は、即答した。

「左ウイングバックにチャレンジさせてください」

僕がレフティだったこと、さらには、フリーキックをはじめとするプレースキックを得意としていたことも大きかったのかもしれない。その後の試合では、積極的に左ウイングバックで起用されるようになり、その期待に応えようと思った。逆となる右サイドには石川直宏や徳永悠平といった攻撃的なタイプの選手が起用されていたこと、前にも田中達也といったスピードのある選手が出場していたこともあり、左ウイングバックである僕に求められていたのは、攻守のバランスを担うことだった。不慣れなポジションではあったけど、その役割をまっとうしようと思えた。僕は、アテネ五輪に出場するために、本来とは違うポジションでプレーすることを受け入れ、そしてチャレンジした。そこに挑戦できたのは、間違いなく、試合に出場することの大切さを感じていたからだろう。

僕はわずか18名というアテネ五輪に出場する日本代表メンバーに選ばれた。アテネ五輪では、1勝2敗という結果に終わり、グループステージ突破を果たすことはできなかった。僕だけではなく、みんながみんな、力を出しきれなかったという思いを抱いたことだろう。実際、3試合すべてに出場させてもらった僕も、あっという間に大会が終わってしまったという、徒労感のほうが強かったことを覚えている。

アテネ五輪代表メンバーだったことで、その後も、世間から注目される機会が増え、またプロサッカー選手としての自覚も芽生え、意識も変わった。しかし、アテネ五輪を終えた後に、オーバートレーニング症候群やうつ病を繰り返すことになってしまっただけに、もし、そうした心の病にならなければ……、ずっとチームでも試合に出続けていたら……と、自分自身に問いかけたことは、一度や二度ではない。

兄弟の距離が縮まった契機

僕とカズには試合当日のちょっとした習慣があった。いつも宿泊先のホテル周辺を軽く散歩し、心身をリフレッシュさせるのだ。キックオフの時間が早いときやアウェイゲームのときは、できないこともあったけど、ホームゲームのときは、きまって散歩に出かけていた。いつから、ふたりで散歩するようになったのかは覚えていないけど、気がつけば、それはルーティンになっていた。ホームゲームのときは、広島の町並みを眺めながら、旧太田川沿いを軽く歩いた。そして、近くの神社でお参りをして、その日の試合で勝利できるようにと誓うのがお決まりのコースだった。散歩中はたわいない会話をしたり、その日の試合について軽く確認することもあった。

他にも、試合前日の夜には、カズの部屋に行き、サッカーの話や共通の話題について語り合った。そうした時間が僕は嫌いではなかったし、きっとカズも嫌ではなかったと思う。だから、体調不良から復帰したときには、いつもカズの部屋に行くか、カズが僕の部屋に来ていた。体調が回復した喜びについて、今の状態について、はたまた、互いの症状について話した記憶がある。

一度も別々のユニフォームを着ることなく、現役を引退したふたりだが、最初からこうした関係を築いていたわけではない。特に、比較されることに強く反発していた時代には、少し距離を置いていたときもある。プロ3年目で寮を出たときには、しばらく一緒に暮らしていた時期もあったけど、別々に暮らすようになってからは、行動範囲も変わったし、付き合う人も変わった。もちろん、共通の知り合いが多かったので、一緒に食事をする機会はあったけど、そこは普通の兄弟となんら変わらない。必要以上に連絡も取り合わない。おそらくキャリアの晩年をともに過ごしたチームメイトが聞けば、耳を疑うだろう。

多くの時間をカズと一緒に過ごすようになったのは、やはり、心の病を患うようになってからだ。僕らは同じ症状を抱えていただけに、一緒にいると楽だった。僕はカズに、カズは僕に話をすれば、互いの体調のことを理解してもらえる。同時にアドバイスももらえるし、そのときどきで、かけてもらいたい言葉を言ってもらえることもあった。まあ、そのような関係が原因で、体調を悪化させたこともゼロではなかったけれど……。

特に僕が1年近くピッチから離れた２００９年を境に、そうした機会は増えていった。Ｊ１で初優勝した２０１２年やＦＩＦＡクラブワールドカップに出場した２０１５年も、お互いの部屋を行き来しては、長時間、話し込んだりした。それはシーズン開幕前のキャンプでも同様で、食事会場ではいつも隣に座ったし、移動のときにも隣に座る機会は増えた。そのため、他のチームメイトたちは、僕らの間には入りにくい雰囲気があったように思う。本当に笑ってしまうくらいに、僕らは一緒にいたのだ。お互いの存在が、心の病の原因にもなったのかもしれないが、カズがいてくれたことで、僕は何度もピッチに戻ることができたと確信している。

車でいうブレーキの遊びがなかった

僕らは子どものときからサッカーに情熱を傾け、それに注力し続けてきた。僕自身は中学生時代に、少しだけよそ見をしたこともあったけど、それでも、練習に行かなくなったり、やめたりした時期はない。そういう意味では、一度も道を外れることなく、サッカーに打ち込んできた。プロサッカー選手になることが目標で、子どものときは、その夢を追い求めてきたと言っても過言ではない。

そして、サッカー選手になるという目標を達成できた。

しかし、松田文雄先生は、僕らはサッカーだけに注力しすぎていたために、心にゆとりがなくなっていたという。車でいうところのハンドルやブレーキの遊びがなかったようだ。つねにアクセルを踏み続けて、プロになるという目標を達成したのだから、立ち止まって前を見たり、周りを見たりすることも必要だったのだ。でも、僕らはがむしゃらに前に突き進むことしか考えなかったから、いざ問題に直面したときには、ブレーキをかけることもできなければ、ギアを落とすこともできなかった。結果、エンジンはつねにフルスロットルで回転し続けていて、ついには煙をふいてオーバーヒートを起こしてしまったのだ。

また、僕らが心の病に陥ってしまったのは、双子だったことも少なからず影響したようだ。そもそも、兄弟は、何かと比較される。それはスポーツに限らない。学業面や芸術面、さらには性格的なところまで、ありとあらゆる部分で、比べられることが多い。

「お兄ちゃんは、こうだったのに」

「弟のこういうところが優れている」

兄弟や姉妹がいる人ならば、きっと、そういった言葉をかけられたことがあるはずだ。年の違う兄弟でもそうした傾向はあるだけに、双子ならば、それはなおさらだった。周りからはもちろん、自分たち自身でも上下や優劣を付けていたし、それを感じながら生きてきた。ある意味、それが、お互いを高め合う要因にもなっていたので、ちょっとだけ複雑な思いもあったりする。

だから、カズが順調だったら僕は嫉妬《しっと》するし、僕が好調ならばカズもおもしろくはない。カズの体調がいいことで、僕が不安になってしまうのも、まさにそこに理由があった。

ただ、カウンセリングを受けていくなかで、松田先生からまじめな僕たちが築き上げてきた自信は素直に認めてあげることも必要だと言われた。

「この体調で、これができているのだから、すごいことじゃないですか」

「このコンディションなのに、ここまでやれた自分はすごくないですか」

最初は、そのように考えることが難しかった。でも、実際に先生の言うように、できたところに目を向けることで、少しだけ心は軽くなった。

自分が、で、き、て、い、る部分に目を向ける。

これは、サンフレッチェ広島を率いていたときの森保一《もりやすはじめ》監督が、チームに言っていたことと共通する考え方でもあった。森保さんは、僕ら選手に、勝っても負けても一喜一憂しないことを訴えた。チームが勝ったときも、修正すべきところに目を向ける。一方で、チームが負けたときも、すべてを否定するのではなく、できたところに着目する。そうすることで、チームは少しずつ前に進んでいける。まさに松田先生から言われていたことと同じだった。悪いなりにもいいところを見つけることで、前に進むことができたのだ。

僕らが抱えてしまう「不安」に対しても、それは有効だった。

先生からはよく、こう言われていた。

「不安がない人はいないんですよ」

「不安があるときこそチャンスですよ」

体の調子がいいときに、ベストなプレーができるのは当たり前である。ならば、体の調子がいまいちよくないときに、どれだけベストに近いプレーができるか。松田先生に「体調が悪くてもプレーできていましたよね」と聞かれれば、僕はいつも「完璧ではないまでも、できていました」と答えていた。見方を変えれば、調子が悪いなかでも、僕はできていたということになる。

そのできていたところではなく、できなかったところにばかり目を向けてしまっていた。これは、子どものときからの習慣や性格も影響しているのだろう。でも、できていたところに目を向け続けることで、少しずつ考え方を変えていけることも知った。すべての物事をポジティブに捉える作業は、慣れるまで大変だったし、ずいぶん苦労もした。でも、今は、少しずつだけど、できるようになってきているとも感じている。

現役を引退して、サンフレッチェ広島のアンバサダーに就任した1年目のときだった。少し改まったパーティーで、人前に出て挨拶をしなければならないときがあった。うまく話すことができるか不安で、前日の夜は緊張して眠れなくなった。大げさに聞こえるかもしれないが、人前に出るのが苦手な自分がスピーチするのは、大変なことだった。だから、パーティー当日も、憂鬱《ゆううつ》な気分で会場に向かったが、そのとき、ある人にこう言われた。

「自分の言葉で話してもらえれば大丈夫ですから」

それを聞いて、僕は開き直ることができた。たとえ失敗しても、たとえうまく話せなくても、仕方がない。自分はこうした場を経験するのははじめてなのだ。そう思うことができた。それからは、アンバサダーとしてする仕事に対しては、なにごとも経験だと思えるようになり、不安に襲われることも、眠れなくなることもなくなった。

ピンチはチャンスに変えられる——。

僕は考え方を変えることによって、物事をポジティブに捉えられるようになった。

そして、そんな自分に対して、こうも思う。

「できた自分のことを少しだけほめてあげよう」と。

原因になっていることを一度、忘れる必要がある

うつ病の症状を自覚していく過程として、まずは「会話」がひとつの物差しになっていた。思考力が低下すると、脳がうまく働かなくなるからか、自分が何を発言したのか、何

をしゃべっているのかが、曖昧《あいまい》になる。そのため、試合後に記者からコメントを求められ、返した言葉が、質問の意図に沿った内容だったのか、それともまったく違うことを話してしまっていたのかが気になっていた。そうしたときは不安だったから、試合後に掲載されたコメントをカズに見てもらい、自分の発言が適当なものだったかどうかを確認してもらっていた。これは僕だけでなく、カズにも、確認してほしいと言われたことがある。そして確認し合って、お互いに「大丈夫だったよ」と伝えるのだが、当の本人は、それでも不安が消えることはなかった。なぜなら、自分では「しっかりとしゃべれていない」という感覚と記憶が残っているからだ。信頼しているカズや、第三者から「大丈夫」というお墨付きをもらっても、自分が納得することができずにいた。そして、考えているうちに眠れなくなるという悪循環に陥った。

そして、その影響は「目」に現れた。「会話の不自由さ」と「目の違和感」は、僕の場合、ほぼ同時と言っていいだろう。ときには目の違和感を先に覚えることもあれば、うまく会話ができないことのほうが先に気になることもあったけど、このふたつの症状が重なることで、考え込んでしまい、さらに眠れなくなっていくことが多かった。不眠に陥ると、体調は悪くなり、練習や試合ではミスも増えれば、思いどおりのプレーができなくなる。そうやって、心と体は、悲鳴をあげていった。こうなると、トレーニングをしていても、つねに体の重さを感じるようになる。疲れがとれずに、だるさを感じ、練習に行くのがしんどくなっていった。

おそらく、ここまではカズと僕の症状は、同じだったように思う。

僕の場合、夜も眠れなくなり、頭がボーッとしている感覚が一日中あり、朝起きるのもつらい状態が何週間も続くと、ついには練習に行くことや外出することができなくなった。そうなると、すべてのことに対して意欲が湧かなくなり、食欲も落ちていく。味覚がなくなるほどではなかったけれど、食べたいという気持ちはなくなっていた。それでも食事はしていたけど、おいしいと感じることはなかったし、むしろそれは義務に近かった。

食欲もなくなれば、あらゆる身体機能が低下していく。だから、僕の場合、うつ病に苦しんでいる期間は、便秘に悩まされたことも多かった。そうした体調の変化や異変すら、また不安のひとつになっていった。

心拍数が上がることも多かった。つねにドキドキしている感覚があって、胸に手を当てては、自分の心拍数を確認していた。朝起きると、不安になり、緊張しているからか、いつも心拍は早かった。そのせいで、すぐに息が切れ、つねに息苦しさも感じていた。サッカー選手だから、基礎体力はあるはずなのに、ちょっと階段を上るだけでも息が切れるのは、「なぜだろう」と思っていた。

体調不良、記憶障害、会話障害、睡眠障害などに悩まされていると、なんの不都合もなく生活している人たちの姿をうとましく感じるようになっていく。普通に日常生活が送れない自分を見つめ、元気な人をうらやましく思い、強い孤独感に襲われた。もしかしたら、ここはカズと異なる症状かもしれない。僕はひとりになるのが怖くて、つねに妻の裕子に一緒にいてもらえるように頼んでいた。

練習を休むようになると、だいたい最初の2〜3日は、部屋で横になると、テレビを付けっぱなしにして過ごしていた。それが何日も続くわけではなく、リビングで家族と一緒にいることが多かった。不安に思うことがあったときに、話し相手がいないことが嫌だったからだ。

もちろん家族にも生活はあるから、裕子が子どもの迎えに行ったり、買い物に出かけたりすることもある。そうした時間ですら、家でひとりになることが不安だった。そのため、少し体調がいいときには、スーパーまでついていき、駐車場に止めた車のなかで待っていたこともある。それくらい、つねに誰かにそばにいてほしいという孤独感に襲われていた。

それは、ひとりになれば不安になるようなことばかりを考えてしまうからだった。そして、自分がいろいろな人を頼った理由は、ここにあるかもしれない。孤独感を感じることによって考え込んでしまいたくないから、気を紛らわせるためにも、気心の知れた誰かと一緒にいたい、そのときどきの思いを聞いてほしい、という欲が強かったように思う。

復調していく過程では、睡眠薬の力を借りて、1日5～6時間の睡眠が確保できるようになると、徐々に生活のリズムを取り戻せるようになったことが大きかった。横になっていても肉体的に疲れているわけではないから、テレビを見ているだけでは、あきてくる。そうなると、少し何かをしてみようかと、思えるようになる。それが散歩だったり、山登りだったり、海を見に行くことだったりと、とりあえず外出することだった。

これは裕子も感じていたことでもあるけど、一度、サッカーのことを完全に忘れる必要があった。僕が《うつ病》に陥った原因の大部分は、やはりサッカーであり、サッカー選手という職業であるがゆえだった。だから、その原因となっているサッカーを忘れ、選手という自分の立場を忘れることが復調するきっかけのひとつだった。サッカー選手の森﨑浩司ではなく、ただの自分になることができれば、気持ちを切り替えることができる。とことんリフレッシュしたことで、すぐに練習に復帰できたことがあるのは、まさにこの切り替えによるものだった。

第7章

やめようから、やめるに変わったとき

森﨑和幸

8

KAZU

理解してもらえるだけでもうれしい

２００９年に再び心の病を発症した僕は、浩司が通院をはじめていた精神科の病院に行くことにした。そこで出会った松田文雄先生とは、その後、長く付き合っていくことになった。薬を服用しながらの治療だったが、精神療法によって、根本的に考え方を変えていくことを意識しはじめた。また、このとき、僕は初めて「慢性疲労症候群」と診断された。

慢性疲労症候群については、人によって症状の出方がさまざまだと言われている。サッカー選手の自分には、当然、それを判断することはできないが、慢性疲労症候群と診断された場合の症状はすべて、僕に当てはまるものだった。

疲労感——休んでも、休んでも体の疲れが取れることはなかった。
倦怠感《けんたい》——つねに体は重く、動こうとしても動くことができなかった。
睡眠障害——横になっても寝ることができず、眠れたとしても睡眠は浅かった。
神経過敏——明かりを眩しく感じたり、小さな音でもうるさく感じることがあった。
思考の低下——人の話が耳に入ってこない。文字を読もうとしても頭に入ってこない。
食欲不振——空腹を感じることもなければ、食事をしようという意欲がない。

体温調節──体が急に熱くなったり、手足が冷たくなったり、動悸《どうき》やめまいに襲われた。ざっと、症状を挙げただけでもこれだけある。それが1日や2日ではなく、長期間にわたって続く。全身が疲労感や倦怠感に支配され、体を動かすことが困難だった。不眠になり、食欲不振になり、気分はずっと優れなかった。朝起きて、体を動かそうとすると、動悸が激しくなった。何もしていないのに汗が出て、体の体温調節ができなくなった。まさにそれは、うつの症状を伴うものでもあった。

チームを離脱して約1カ月が経った2009年6月16日、サンフレッチェ広島から「慢性疲労症候群」により休養していることが公式発表された。このときは、もう自分はピッチに戻ることはできないだろうと覚悟していた。

オーバートレーニング症候群に陥った2006年のときよりも、明らかに回復する兆しは感じなかった。気力は湧かず、サッカーをしたいという心境になれなかった。むしろ、自分の境遇を呪ったりした。サッカー選手である「森﨑和幸」でなくなれば、いくぶんかはこの苦しみから解放されるのではないか。そうすれば、きっと体調も回復に向かっていくはずだ。だからこのときはもう、サッカー選手を引退しようと考えるようになっていた。妻の志乃には何度もこう言っていた。

「クラブにサッカーやめるって連絡していい?」

志乃は、そのたびに引き止めてくれた。

「やめてもいいけど、今、決めなくてもいいんじゃない」

これは体調が回復したときに、妻と話をして分かったことだが、彼女は、僕が心の病に苦しんでいるときには、絶対に決断させるようなことはさせなかった。

家に閉じこもり、1日の大半を横になって過ごした。それでも、どこかでこの状況から抜け出したいという思いがあったから、週に1度程度のペースで通院していた精神科では、主治医の松田先生とのカウンセリングを行っていた。

そうした日々がどれくらい続いただろうか。少しだけ日常生活が送れるようになった。生活リズムを取り戻そうと、朝には起きて、夜は睡眠薬の力を借りてはいたが、寝るように心がけた。朝昼晩と食事をとり、近所を散歩するなど、気分転換も心がけるようにした。ゆっくりとした歩みの毎日だったが、気がつけば、季節は春から夏に変わっていた。

そんなときだった。ミシャの通訳をしていた杉浦大輔さんから連絡をもらった。シーズン後半戦に向けて、チームの全員で集まり、食事をしながら決起集会を行うという。ミシャは、そこに僕と浩司にも顔を出してほしいと言うのだ。

でも、僕はその食事会に参加することをためらった。家族以外の人と会うこともなければ、外出も散歩以外はほとんどしていなかったからだ。チームメイトとも3カ月近く会っていなかったこともあり、どんな顔をして出席すればいいかも分からなかった。

いつもは、「自分の好きにすればいい」と言ってくれていたミシャが、このときは引き下がらなかった。

「これまで、私がカズにお願いしたことがあったか。今まで一度もなかっただろう。今回が最初で最後のお願いだ。頼むから、食事会に出席してほしい」

恩師ともいえるミシャの思いがけない言葉に、心が揺れ動いた。それでも不安は拭えなかった。すると、同じようにチームを離脱していた浩司から連絡があった。

「一緒に行こうよ。ひとりだったら不安だけど、ふたりで行けば、きっと大丈夫だって」

２００９年8月10日、僕と浩司は、食事会のはじまる前にカフェで、ミシャと通訳の杉浦さんと4人で会うことになった。

「いきなり、みんなの前に来るのは恥ずかしいだろう。私と一緒に行けばいい」

それでも当日になれば、やっぱり不安に襲われた。だから、直前まで、志乃には「行きたくない」「やめる」と弱音を吐いていた。

「行ってみたら。きっと何か変わるかもしれないよ」

志乃に促され、重い腰を上げると、浩司とふたりで待ち合わせの場所に行った。

再会したミシャは、話をしながら、僕らの心をほぐしてくれた。家族以外の誰かに会うのは本当に久々のことだったから、戸惑いや気恥ずかしさもあったが、ミシャは優しく、そしてうれしそうに話しかけてくれ、僕らの緊張を解いてくれた。

その足でチームメイトが待つレストランに向かうと、ミシャはみんなにこう言った。

「聞いてくれ。サンフレッチェ広島は、今日、最高の選手を補強したぞ。みんなに紹介しよう。カズと浩司のふたりだ」

チームメイトのみんなは僕らを笑顔で迎えてくれた。そこには、以前と変わらない仲間がいた。チームメイトは、僕らのことを特別な目で見ることもなければ、変に詮索《せんさく》することもなく、以前と変わらぬ態度で接してくれた。このときほど、チームメイトに感謝したことはない。そして、これが回復していく兆しであり、きっかけになった。

心の病は、ひとりで抱え込めば抱え込むほど、症状が悪化していく。回復していく過程では、周りの理解が必要だし、助けもいる。だから、もし、ひとりで苦しんでいる人がいるならば、誰かに頼ることも必要だと思う。とても勇気のいることだけど、誰かに頼ることで気持ちが楽になることもあるはずだ。また、もし、自分の周りに苦しんでいる人や悩んでいる人がいるならば、手を差し伸べてほしい。それは僕の場合、具体的に何かをしてほしいということではなかった。ミシャがつねに気にかけてくれていたように、そして食事会の席でいつもどおり振る舞ってくれたチームメイトがそうだったように、理解してもらえるだけで、理解しようとしてくれるだけでも、うれしかった。

状態を見ながら判断してくれた指揮官

実は、決起集会に参加する少し前から、体を動かすようになっていた。誰もいない吉田サッカー公園に行き、グラウンドを歩いたり、軽く走ったりするようになっていた。きっかけを作ってくれたのは、他でもない、志乃だった。

「何もしないなら、練習場に行って、少しだけでも体を動かしてみれば」

チームメイトに会うのが嫌だと抵抗すると、それならば、時間をずらして行けばいいと提案された。わずかだが体調も回復していたので、志乃の提案を受け入れることにした。ときには、やっぱり行きたくないと、だだをこねたこともあったが、そんなときは、半ば強引に車に乗せられると、早朝の６時に練習場へと向かった。

ただ、３カ月も体を動かしていなかったこと、完全には症状が回復していなかったこともあって、少し運動しただけでも息が上がり、動悸がした。どうせサッカーをやめるのだから、こんなことをしていても無意味だと思ったこともある。

それでも、決起集会でみんなと再会してからは、自然とグラウンドに足が向くようになった。ジョギングからランニングになると、次第にダッシュもできるようになっていった。復帰する過程は当然ながらきつい。ピッチに戻るためには体力をつけるしかない。運動量を増やし、負荷を上げていくと、8月中旬にはチームの練習に合流できるまでになった。

試合に出場できるようになるのに、それほど時間は要さなかった。というのも、ミシャが、僕の体調を見ながら、練習に参加するタイミングを見計らってくれていたからだ。最初はチームが練習しているのと同じ時間帯に行き、みんなが練習している横で、歩いたり、走ったりした。次第にダッシュやインターバル走を取り入れていく。ある程度の日数が過ぎると、ミシャが「もう大丈夫だろう」と言って、チームの練習に加えたのだ。不安ではあったが、僕の回復具合を見極めてくれたミシャの言葉に背中を押された。きっと、ミシャはいつもトレーナーから報告を受けていたのだろう。そうやってミシャに促されるようにして、全体練習に参加することで、僕はスムーズに復帰までの過程を歩むことができた。

公式戦のピッチに戻ったのは、２００９年10月3日、Ｊ1第28節の清水エスパルス戦だった。最初は、自分としても少し早いのではないかと思っていた。

清水エスパルス戦に向けた練習がはじまると、紅白戦でミシャからレギュラー、すなわち試合に出場するメンバーを意味するビブスを渡された。シーズンは終盤に差しかかっていた。チームは4位という好位置にいて、優勝の可能性も残っていた。対する清水エスパルスは2位。言わば、サンフレッチェ広島にとっては優勝に望みをかけた重要な一戦となる。すでに練習試合には出場していたし、練習でもフルメニューをこなしていたが、大事なゲームに、試合勘のない自分が出場してもいいのだろうかという思いがあった。

志乃にも相談した。

「もしかしたら、清水エスパルス戦のメンバーに入りそうなんだけど……」

さらにその後の練習を終え、先発出場する可能性が高くなってきたことも伝えた。

「思いきってやってみたらいいんじゃない」

このときも、妻の言葉が最後に僕を突き動かした。

そして試合前日の練習を終えると、ミシャはこう言った。

「行けるか」

僕は、その場でうなずいた。

自分がピッチに立つことで勇気を与えられる

忘れもしない2009年10月3日、アウェイで行われたJ1第28節の清水エスパルス戦で、僕は公式戦のピッチに立った。5月9日のジェフ千葉戦を最後に、チームを離れてから5カ月が過ぎていた。

試合に出ることも久々ならば、遠征に行くのも久々だった。試合前日に移動し、ホテルに宿泊し、試合当日を迎える。プロになってから、当たり前のように行われていたこの行動が再びできるようになったと思うと、奇跡だと思わずにはいられなかった。

アウェイながら、サンフレッチェ広島のサポーターがコールする声がはっきりと聞こえた。あのときは、まるでスタジアム全体が僕の復帰を喜んでくれているように感じた。サポーターは、試合前に何度も僕のチャントを歌い、名前を呼んでくれた。いつもより緊張していたが、声援という後押しがさらに勇気を与えてくれた。

ミシャからは、とりあえず前半の45分間、がんばってほしいと言われていたが、結果的に僕は76分間プレーした。ハーフタイムにロッカールームに戻ったとき、「もう少しやれる」という感覚があったからだ。そこには、ベストコンディションとはいえない僕をサポートしてくれていたチームメイトの助けがあった。試合は1-1の引き分けに終わり、復帰戦を勝利で飾ることはできなかったが、僕にとってはとても大きな一歩だった。

試合前後に繰り返しコールしてくれるサポーターの声を聞いて、思ったことがあった。

うつ病や慢性疲労症候群で苦しんでいる人は世のなかにたくさんいる。また、心の病に関しては、骨折などのように、痛みのある箇所がはっきりと分かるわけでもなければ、全治が確定されるわけでもないため、はっきりとした病名がつかないところもあるようだ。そして、この病気がどれほどつらいかを理解してもらうのはなかなか難しい。でも、僕がピッチに立つことで、同じ症状で苦しんでいる人や悩んでいる人に勇気を与えることができるかもしれない。そして自分ひとりの力ではなく多くの人の力を借りて、復帰したことを知ってもらえれば、その人も誰かに相談したり、一歩を踏み出すきっかけになるかもしれない。このとき、そんなことを考えていた。

自分以上に心の病に苦しんだ浩司の復帰

慢性疲労症候群から回復し、再びピッチに戻ることができた２００９年シーズンは、結果的に４位に終わった。優勝には手が届かなかったものの、クラブは１ステージ制になってから最高の成績を残すことができた。さらに、シーズン終盤にはうれしいこともあった。僕以上に苦しんできた浩司が、ほぼ1年ぶりにスタジアムに帰ってきたのだ。僕から見ても、浩司が歩んできた1年間の道のりは長く、険しいものだった。

今でも２００９年の春に、「病院についてきて、自分の症状を医師に説明してほしい」と訴えたときの浩司の表情は忘れられない。それは自分が長年、ともに過ごしてきた弟の顔ではなかった。ただ、元通りの日常生活が送れるようになって、一緒に食事をしたり、笑い合えるようになればいいと祈るのみだった。それくらい、あのときの浩司は、僕が見たこともないほどに憔悴《しょうすい》しきっていた。だから、浩司が再びサンフレッチェ広島のユニフォームを着て、ホームスタジアムに戻ってこられたのが誰よりもうれしかった。

あれは２００９年11月21日、Ｊ１第32節の名古屋グランパス戦だった。その試合にベンチ入りしていた浩司は、後半44分に、僕と交代する形で、スタジアムの芝生を踏んだ。その少し前に、途中交代したヒサ（佐藤寿人《ひさと》）からキャプテンマークを受け取っていた僕は、浩司と交代するとき、浩司の腕にそのキャプテンマークを巻いた。本当なら、他の選手に託すべきだったのだろうが、あのときは、自然と浩司の腕に巻いていた。

照れくさいから本人には言わなかったが、心のなかでは「おかえり」とつぶやいていた。それくらい家族として、兄弟として、ライバルとして、そして友として、浩司が再びスタジアムに戻ってきたことがうれしかった。

そして、２０１０年こそは、ふたりそろって活躍するシーズンにしたい。ふたりで誓い合った。思えば、プロになってからふたりとも活躍したと胸を張れるシーズンは、しばらく送れていなかった。だからこそ、２０１０年は、ともに活躍して、チームを躍進させる年にしたい。そう誓っていたはずなのに、僕は３度目の離脱をすることになった。

サッカーをやめるか、僕が死ぬか選んでくれ

症状は回数を重ねれば重ねるほど、ひどくなっていく。おそらく自分自身で、どういう精神状態に陥っていくかが分かるから、余計にこたえるのだろう。落ちていくスピードも、以前より早くなっていった。はじめて症状を自覚した２００６年は、じわじわと体調不良に陥った。だが、２０１０年は、気づいたときにはもう自分をコントロールすることができなかった。

だから、このときは、今まで以上に精神的に追い込まれた。一度目の離脱では「サッカーをやめたい」だったのが、二度目は「サッカーをやめよう」に変わった。そして、今回は「サッカーをやめる」という心境へと変化していった。

今だから言うが、２０１０年、僕は現役を引退するつもりでピッチに戻ろうとしていた。思い返せば、シーズンが開幕した直後から違和感はあった。最初に感じたのはやはり目だった。

４位だったサンフレッチェ広島は、繰り上がる形でＡＦＣチャンピオンズリーグの出場権を手にした。そのため、いつもよりシーズンの始動は早まり、２月24日にはＡＦＣチャ

ンピオンズリーグのグループステージ第1戦が予定されていた。1次キャンプの宮崎でも、2次キャンプが行われたトルコでも、僕は精力的にメニューをこなした。シーズンの初戦となるAFCチャンピオンズリーグの山東魯能戦にもメンバー入りすると、90分間プレーした。3月6日にはJ1が開幕し、清水エスパルスとのリーグ開幕戦にも先発出場した。

今度は中3日で韓国に赴き、浦項スティーラーズとの試合が待っていた。ここでも僕は90分間プレーした。チームはAFCチャンピオンズリーグで連敗を喫し、清水エスパルスとの開幕戦にも1－1で引き分けていたため、3試合を戦い1分2敗と、未勝利だった。

「まだ、シーズンが開幕したばかりだから、うまくいかないこともあるよな」

勝っていないことで不安もあったが、自分自身にそう言い聞かせて、前に進もうとしていた。でも、感じはじめていた目の違和感は、急激に進行していった。

3月14日に行われたJ1第2節のヴィッセル神戸戦で、試合中にその症状をはっきりと自覚したのだ。そのころの僕は、ボランチとしてのスタイルを確立させ、相手の動きを予測して、守ることができるようになっていた。相手の狙いや駆け引きが分かるから、攻撃においても相手のスキを突けるようになっていた。でも、ヴィッセル神戸戦では、自分にとって武器となっていた、その予測がまったくはまらなかった。相手の動きが読めず、動きもなぜか速く見える。その試合でも90分間プレーできたし、チームも勝利してシーズン初の歓喜を味わっていたが、僕の心は浮かなかった。

「気のせいだよな……チームの調子も上がってきているし、きっと大丈夫だ」

完璧とまではいかないが、普段から物事をポジティブに、前向きに考えるようにしていた。だから、このときも自分に言い聞かせた。自分の心に、そして、病いに抗《あらが》おうとした。

心の病により二度もチームを離脱した経験から、日頃から体調には気を遣うようになっていた。予防のために、少しでも違和感があれば抗不安薬を服用するようにしていたし、眠れないときには睡眠薬も飲んだ。それなのに、一向に回復する兆しが見えない。そうした異変を感じつつも、練習は休まなかったし、試合にも出続けた。なんとか、踏みとどまろうと必死だった。

そういうときはきまって、浩司をバロメーターにしてしまう。見れば、浩司は調子がよさそうで、何の不安もなさそうだった。

「体調はどう？」

さりげなく、浩司に聞いてみた。すると、浩司は即答した。

「まったく問題ないよ」

それが僕の焦りにつながった。そして、浩司の言葉は、どれもポジティブだった。

「調子もいいけど、多少、悪いなって感じても、平気だと考えられるようになった」

自分の心を、そして考え方をうまくコントロールできているように見えた。

2010年4月10日、ホームでJ1第6節の川崎フロンターレ戦を終えたサンフレッチェ広島は、翌日、中国に向かった。AFCチャンピオンズリーグのグループステージ第5戦で山東魯能とのアウェイゲームを戦うためだ。遠征のメンバーに入っていた僕もチームメイトと飛行機に乗り、中国の済南に向かった。すでに体調が優れない状態だったから、飛行機での移動は、精神的にも肉体的にもこたえた。機内では、ずっと体調不良になった原因や体調のことばかりを考えていた。

その結果、済南に着いたときには、絶不調だった。

「もう、サッカーのできる状態ではないな」

そう思ったから、試合当日にミシャに体調のことを打ち明けた。そして、試合に出場するメンバーから外してもらった。

体調が悪いからといって、すぐに家に帰ることはできない。そこは広島ではなく、中国だった。夜に行われた試合では、前半に1点を奪われるも、試合終了間際に得点を決め、3－2で劇的な勝利を収めていた。逆転勝利の口火を切ったのは、他でもない浩司だった。後半28分に豪快なシュートを決めて、チームに勢いをもたらしたのだ。自らが得点を決めたこともあり、浩司は試合後も興奮していた。ホテルでは、浩司と同室だったが、テンションの高さが、気持ちの沈んでいる僕に追い打ちをかけた。試合後は興奮状態が続き、眠れなくなることはあるし、まして自分が逆転勝利につながる得点を決めたとなれば高揚感が続くことも当然のこと。でも、このときの僕には、それがつらく、苦しかった。

「早く家に帰りたい。今すぐにもここからいなくなりたい」

とにかく不安に支配されていた。帰国する飛行機でも不安は拭えず、むしろ膨らんでいった。長い移動時間が、さらに僕の心を深くえぐった。広島への直行便はなく、新幹線を乗り継いで広島まで向かったが、そのときにはもう、僕の心は限界に達していた。

「なんでこうなってしまうんだろう。いったい、自分が何をしたっていうんだろう」

「こんな思いをするくらいなら、もう、サッカーから離れたい……」

そう思えば思うほど、いてもたってもいられなくなった。そして、新幹線のなかから、必死に志乃にメールを送った。

「オレがサッカーやめるか。それともオレが死ぬか。どっちがいいか志乃が選んでよ」

志乃の答えは分かっていた。恋人のときから、心の病になるたびに、彼女は寄り添ってきてくれた。結婚してからは、僕のすべてを見てきた。がんばってきたところ、弱音を吐いたところ、気持ちが荒ぶったところ、そのすべてを見てきた。だから、サッカーを「やめるか」、僕が「死ぬか」と問えば、限界だということは分かってもらえるだろうし、何より、「やめていい」と言ってくれるだろうことは分かっていた。

広島駅に着くと、志乃が迎えに来てくれていた。顔を見るなり、志乃はこう言ってくれた。

「うん。やめていいよ」

僕は泣いた。もう、感情を抑えることも、人目を気にすることもできなかった。自分のすべてをさらけ出してきた志乃を目の前にした安堵感もあっただろう。僕は、恥ずかしいくらいに泣いた。それくらい、気持ちはすでに破綻《はたん》していた。

僕はもう限界だった。

大きな決断は体調のいいときにする

再び練習を休むことになった僕は精神科に足を運んだ。主治医の松田先生には、「十分にできていたと思いますよ。そんな自分をすごいと思ってあげてください」と言われた。

いつも完璧を追い求めてしまうため、少しのミスや変化にも過敏になってしまう。でも、周りの選手だって、いつもベストコンディションでプレーしているとは限らないし、不安がまったくない選手なんていない。すべてを完璧にできないのが普通であり、当たり前だと思うようにと、アドバイスを受けた。松田先生から言われた言葉はすべて前向きになれるものだった。だから、自分自身も「そうだよな」と思い直すことができた。

そうした後押しもあったから、僕は間を置かずに、練習に戻った。そして、２０１０年5月5日に行われたJ1第10節のジュビロ磐田戦で、ピッチに立った。

でも、結果的に、それは失敗だった。万全ではない状態のまま試合に出場したこともあり、視野もぼやけていれば、判断力も低下していた。前半を終えてロッカールームに戻ったときには、その事実に怯《おび》え、恐怖すら感じていた。体調が戻っていないことは、ミシャも気づいていたのだろう。後半がはじまると、すぐに僕をベンチに下げてくれた。

ジュビロ磐田戦が終わると、僕は深い海の底へと沈んでいった。

再び練習を休み、部屋に閉じこもると、真っ暗な部屋のなかで過ごした。眠れるわけではないが、ひたすら横になり、ただ、ただ、じっとしていた。時間という概念も、生きるという意欲も、喜怒哀楽という感情もすべてを失っていた。

しばらくすると、部屋から出るようにはなった。再び服用するようになった薬の効果もあったのだろう。でも、少しだけ日常生活を取り戻せるようになっても、このときは、「もうサッカーをすることはないだろう」と思っていた。

たまに体調がいいときには、不慣れなパソコンを開いては、求人情報を調べた。これまでサッカーしかやってこなかった自分に、何ができるかは分からなかったが、サッカーを続けることは諦めていた。妻には、現役を引退した後のことばかりを話していた。

「サッカーをやめたら、オレに何ができるかな」

志乃は同意も反論もせず、そんな弱音とも言える僕の言葉を、じっと聞いてくれていた。

「何の仕事をするかは、あとで決めればいいんじゃない」

志乃は、このときもきまって、そう答えていた。

２０１０年は、復調するきっかけが何も見つからなかった。２００６年のときは、ミシャが「好きにしてくれていい」と言ってくれたひと言が、大きく心を動かした。２００９年は、ミシャが誘ってくれた決起集会が契機になった。どこかで、そのきっかけを探していたが、気力を取り戻せる「何か」が起こらない。ただ、時間だけが過ぎていった。

ある日、僕は、また志乃にこう言った。

「どんな仕事なら自分にもできるかな」

すると、いつもと違う返事が返ってきた。

「このまま、中途半端な形でサッカーをやめたら、いくら次の仕事を探しても、雇ってくれるところなんてないよ」

まさに、正論だった。きちんとした形で現役選手を引退せず、中途半端にフェードアウトしてしまえば、自分を採用してくれる企業などないかもしれない。

志乃はさらに続けた。

「だから、選手をやめるのはいいけれど、練習だけは行って、シーズンが終わるまでサッカー選手をまっとうしたほうがいいんじゃない。きちんとした形で選手をやめれば、次の道も見つかるかもしれないよ」

確かにそのとおりだった。シーズン終了までサッカー選手をまっとうしてからやめたほうがいい。そう思ったから、僕は現役を引退するために練習場へ行くことにした。

何度でも言うよ、カズおかえり

練習場に足を運ぶと、まずはウォーキングやジョギングからはじめた。4〜5カ月も体を動かしていなかったから、筋肉痛にもなれば、体もだるくなった。チームのトレーナーは、親身にリハビリに付き合ってくれていたが、それでもサッカーをやりたいとは思わなかった。しばらくトレーニングを続けると、全体練習に参加できるまでにはコンディションも回復した。それでも、「サッカーをやめる」という気持ちだけは変わらなかった。

ミシャの判断はいつも抜群だった。ミシャは僕にとって効果的なタイミングを知っているようだった。全体練習に参加すると、すぐにレギュラー組のビブスを渡されたのだ。

さすがに驚いて「控えでいいです」と断わった。それでも、コーチであり通訳の杉浦さんは、何も言わずに、その後も僕にビブスを渡してきた。

なかば観念してビブスをかぶると、いわゆる主力選手たちと一緒にプレーした。不思議だったのは、10年以上もそうしてきたからだろうか。自然と体が反応した。

だから、家に帰ったときにも、志乃に言った。

「レギュラー組で練習したけど、普通にやれたかもしれない」

それでも、今シーズンはやりきって、現役を引退しようと決めていた。だから、試合に出場する必要性を感じていなかったし、試合に出たいとも考えていなかった。

全体練習に参加するようになって、10日目くらいだっただろうか。ミシャから試合で起用したいと言われた。全体練習に参加するようになってまだ間もないし、このときは練習試合すらしていなかった。いきなり公式戦に出場するのは厳しいだろうと感じていた。

「まだ早いと思います」

それでもミシャはこう言ってくれた。

「大丈夫。責任は私が取るから、カズは何も心配しなくていい」

ミシャはそう言うと、微笑んだ。

「さすがに試合に出るのは早いと思わない？　正直、断ろうかと思っているんだけど……」

家に帰り、志乃に相談したが、賛成はしてくれなかった。

「5分プレーして、ダメだと思ったら、自分から交代してほしいって言えばいいじゃない」

躊躇《ちゅうちょ》している僕に、さらに志乃は、

「ミシャさんが責任を取るって言ってくれているんでしょ。それならミシャさんのことを信じてみれば」

そう言って、ミシャと同様、僕の背中を押してくれた。

こんな気持ちのまま、はたして自分がピッチに立っていいものだろうかと考えた。松田先生に相談すれば、「ベストの状態ではないなかで、プレーできれば、それも自信につながるはずですよ」と、ポジティブな言葉をかけてもらえた。

監督も責任を取ると言ってくれた。妻もできるところまでやればいいと言ってくれた。ならば、最後は、期待を寄せてくれている人たちの思いに応えようと思った。

そして、僕は約5カ月ぶりに、スタジアムへと向かうことを決めた。

２０１０年9月25日、その日は晴れていたように記憶している。前日をホテルで過ごし、久しぶりにチームバスに乗り込むと、広島ビッグアーチに向かった。いつものようにロッカールームに入り、準備をする。ウォーミングアップをするために、ピッチに飛び出すと、スタンドに掲げられている横断幕に目が留まった。そこにはこう書かれていた。

「何度でも言うよ、カズおかえり」

サポーターは何度も、何度も僕のチャントを歌って、拍手を送ってくれた。２００９年のときはアウェイでの復帰だった。それだけに、ホームではこんなにも僕を待ってくれている人がいたのかと、さらに強く実感することができた。

復帰初戦となったJ1第24節の鹿島アントラーズ戦は1－1の引き分けに終わり、僕自身は後半18分までプレーした。そのプレー内容は、ベストにはほど遠かったけれど、何より、ピッチに戻ってこられたことがうれしかった。

心の病を患い、日常生活すら困難になったときは、もう二度と普通の生活に戻れないのではないかと不安だった。家に引きこもる時間が長くなると、体調が回復して吉田サッカー公園に行けるようになっただけでも喜びを感じた。ときには、普通に練習場に通えるようになったことがうれしくて、車のなかでひとり涙したこともある。

だから、再び愛するサンフレッチェ広島のユニフォームに袖を通し、スタンドの声援を浴びたことは、何物にも代えがたい最高の喜びだった。サポーターの声援が力になることを改めて実感した瞬間だった。

気がつけば、僕は「サッカーをやめる」という思いすらなくなっていたのだから……。このとき、立ち直るきっかけを与えてくれたのは、スタンドから届いた大きな声だった。

第8章

もう二度と落ちないために踏みとどまる

森﨑浩司

7

KOJI

悪いなりにもできることに向き合ってみる

1年もの間、ピッチから遠ざかっていたのだから、すぐに体調や感覚を取り戻すのは難しかった。

2009年11月21日のJ1第32節の名古屋グランパス戦で、ピッチに戻ることができた僕は、続く第33節のジュビロ磐田戦で先発に復帰した。だが、ホーム最終戦となった第34節の京都サンガ戦で負傷すると、前半28分で退くことになってしまった。そのため、2010年の始動時は、リハビリからスタートした。このシーズンも、チームはトルコキャンプを行ったが、体調は戻らず、目には違和感があったし、しっかりとした睡眠も取れていなかった。

「以前の自分に戻ることはできるのだろうか」

サッカー人生を振り返ってみても、2010年の始動時が一番、強く不安を感じていたように思う。プレーの感覚を取り戻すことはもちろん、以前のような日常生活を送れるかどうかさえ不安だった。

それでも、少しずつ物事を前向きに捉える努力をしていた僕は、「1年間も休んでいたのだから仕方がないよな」と、自分自身に向き合うことで、体の不調に対しても腹をくることができた。

それは、幾度も心の病と付き合ってきたことで、成長できた部分と言えるだろう。

ただ、ケガが癒《い》え、チームの全体練習に合流するようになっても、さらに言えば、リーグ戦が開幕してからも、僕の体調はよくならなかった。試合に出られる状態は維持していたけど、いつも頭は重く、すっきりとした状態でプレーできることはなかった。そうした時期が長く続くと、どうしても不安が増していく。

「また、プレーできない状態まで体調を崩したくないな」

そうした思いが、いつも頭のなかを駆け巡っていた。

でも、あれはアウェイで戦ったＡＦＣチャンピオンズリーグのアデレード・ユナイテッド戦だった。その試合で僕は、久々に90分間プレーすることができた。そこには、まだ冬の寒さが残る日本とは異なり、暖かかったオーストラリアの気候も影響していたのかもしれない。気温が高いなかで、90分間プレーできたことに、ちょっとした手応えを感じた。

さらにその手応えが、自信に変わる出来事もあった。僕自身の調子を図るバロメーターにもなっている「ゴール」だ。これもまたアウェイで戦ったＡＦＣチャンピオンズリーグの山東魯能との試合で、僕は久々にゴールを決めることができたのだ。

0−1で迎えた後半28分だった。この試合、ボランチとして出場していた僕は、チャンスと見るやゴール前に駆け上がっていった。そして、いわゆる3人目の動きからパスを受けると、GK《ゴールキーパー》と一対一の状況からシュートを流し込んだ。チームはこの得点で勢いに乗ると、3−2で逆転勝利を収めた。得点シーンは、まさに自分が思い描いたとおりのプレーだった。チームが勝利したこともうれしかったけど、ずっとプレーの感覚が戻らないことに苦しんでいただけに、頭と体がリンクしたことが何よりうれしかった。この試合で手応えを感じた僕の心は一気に晴れた。

ただ、この試合を前にして、カズは体調を崩し、出場を回避していた。この遠征を機に、カズは再びチームを離れることになるが、久しぶりに思いどおりのプレーができた僕には、それを気遣うことができなかった。

1年近くピッチから離れ、その後もずっと苦しんできた。試合には出られるようになったし、日常生活も送れるようになっていたけど、トンネルからは抜け出せていなかったし、暗いなかをさまよってもいた。だから、出口が、光が見えたことがうれしくて仕方がなかったのだ。

本当に双子とは不思議な関係だと思う。僕が出口を見つけ、喜びに満ちあふれていた横で、カズはトンネルに足を踏み入れていたのだから……。どちらかの調子がいいと、どちらかが体調を崩す。まるでシーソーのようだ。僕らはふたりでひとりとでも言わんばかりに、対照的なシーズンを送ることも多かった。

カズと自分を比べ、矢印を自分に向ける

２０１０年はブラジル・ワールドカップが開催されたこともあり、５月中旬にリーグ戦が中断になると、チームはオーストリアで合宿を行うことになった。

現地に着き、最初の練習で、珍しくミシャが激怒した。練習の質や内容が、チーム全体として悪かったためだ。僕としては、長距離移動だったし、時差もあったので、コンディションが悪いのも仕方がないだろうと思っていた。でも、ミシャには、そうした気の緩みが許せなかったのだろう。激怒したミシャは、翌日の練習メニューをハードにすることで、僕らを発憤させようとした。フィジカルトレーニングの量と強度は増し、肉体的にもかなり追い込まれる内容だった。その練習中に、僕は股関節に強い痛みを感じると、キャンプを離脱することになってしまった。その後のキャンプでは、股関節の痛みを緩和させるべく、リハビリメニューを続けていたが、ここでも珍しくミシャが復帰をせかしてきた。自分としてはまだ痛みがあったため、トレーナーに確認すると、全体練習に復帰するのは、し

ばらく見合わせたほうがいいと言う。こうして、ミシャの猛プッシュを断り、オーストリアのキャンプ中は、ケガを治すことに専念した。おそらく、ミシャのなかでは、カズが体調を崩して離脱中で、アオ（青山敏弘《としひろ》）もケガにより戦列を離れていたというチーム事情もあったのだろう。

オーストリアキャンプでの練習を回避した僕だが、リーグ再開となるJ1第11節のセレッソ大阪戦には、なんとか間に合った。カズがいなかったこともあり、僕は中島浩司さんとダブルボランチを組んで先発出場した。だが、この試合で、チームは0－5の大敗を喫してしまった。

「キャンプもやっていないのに、試合に出場させてもらって、この結果はやばいな」

「この責任は自分にあるかもしれない。このままではポジションを失ってしまう」

さすがに大敗のショックは大きく、ネガティブな考えが頭に浮かぶようになった。敗戦は、チーム全体の責任でもある。でも、キャンプに参加していなかった自分は、その責任が自分にあると思い込み、矢印のすべてを自分自身に向けようとした。

今までならば、これがきっかけとなって大きく体調を崩すことになっていただろう。でも、自分の考え方を少しだけ変えられたところもあったから、このときは、「次の試合で挽回しよう」と言い聞かせ、なんとか踏みとどまることができた。

２０１０年は、なるべく薬も飲まないように心がけていた。あまりに眠れなくなったときには、安心するために服用することはあったけど、それでも抗不安薬を1錠か2錠。それも効果が軽度のものを服用した。自分のなかには、２００９年に大きく体調を崩した理由として、薬に頼った治療法を選択していたからだと思っていたところもあった。きっと誰もがそうだと思うけど、薬を飲まずに生活できるのであれば、やっぱり飲みたくはない。だから、僕も薬を飲まずに、自分の心や体と向き合う方法を、ずっと模索していた。

もうひとつは、２００９年にどん底まで落ちたことで、もうあそこまで落ちることは二度とないだろうと、タカをくくっていたところもあった。少しずつではあったけど、そうやって自分の心とうまく付き合うようになれていたはずだった。でも、ハイな自分とローな自分がいたように、踏みとどまれる時期も長くは続かなかった。

シーズン後半になると、再び体調は下降線をたどっていった。２０１０年、サンフレッチェ広島はヤマザキナビスコカップの決勝に進出した。その決勝当日の朝、ミシャに呼ばれると、こう聞かれた。

「先発で行けるか？」

そのときには、自覚するくらいに体調も悪くなっていた。でも、僕はこう答えた。

「行けます」

そこには決勝の舞台ということもあったし、自分を信じてくれたミシャの期待に応えたいという思いもあった。でも、すでに目がぼやける症状や判断力も低下していた僕に、勝利に貢献できるようなプレーができるわけがなかった。結果的に3–5でジュビロ磐田に敗れた決勝では、後半11分という早いタイミングで交代させられたが、それも納得だった。同時にそのときは、カズが体調不良から戻ってきて、復調していた時期でもあった。

好調なカズと、不調に陥っていく自分。調子がいいときには、僕らは別の人間だと考えていても、体調が悪くなると、どうしても比較してしまう。寄り添いもすれば、比べる対象にもなる。だからこそ、僕らは一方が好調ならば、もう一方は沈んでいくという負の連鎖を引き起こしてもいたのだろう。

「自分にすべての矢印を向けてしまう」

「カズと自分を比べてしまう」

体調を悪化させてしまう要因ははっきりとしていた。言葉では前向きな発言をするし、周囲からは明るい性格だと思われているから、そのキャラクターを維持しようとする。それがまた、自分自身を追い詰めていったし、苦しめていた。

それでも、チームを離脱することがなかったのは、「休んだら終わり」と思っていたからだった。

どんなに苦しくても、しがみつく。しがみついていれば、いつしか脱する瞬間があるかもしれない。周りにも「休んだほうがきつくなるよ」と言われていたこともあり、僕はとにかく、必死にしがみついていた。

心のうちをさらけ出せる人の存在

練習場のある吉田サッカー公園の近くに、一軒のお好み焼き屋がある。午前の練習が終わった帰りには、ランチを食べるために、チームメイトと一緒によく通った。まさに僕にとっては行きつけと呼べるお店だった。

「大ちゃん」という名前のそのお店を切り盛りしている方に、僕は言葉では言いつくせないほどお世話になった。普段は親しみを込めて「おばちゃん」と呼んでいるから、ここでも同じように呼ぶことにしたい。おばちゃんはいつも明るかった。そしていつも、僕を前向きな気持ちにさせてくれた。

それがいつだったかは定かではないけど、あるとき、おばちゃんは、僕が心の病に苦しんでいることを知ると、自分の経験を打ち明けてくれた。当時は僕自身もうつ病との向き合い方が分からずにもがいていたし、周りに共感してくれる人が少なかったこともあって、おばちゃんの存在は大きかった。おばちゃんが聞かせてくれる話やアドバイスは、自分にとって得るものも大きければ、知りたいことも多かった。

それからは体調が少しでも悪くなれば、お店に行き、話を聞いてもらうようになった。自分の症状を話し、そのときどきで感じている不安を吐き出すだけでも、気持ちが少しだけ楽になった。ときには、営業時間中のこともあったし、出前の注文が入ることもあった。でも、おばちゃんは、僕が来ているときには、店ののれんをしまい、出前の注文を断ってまで話を聞いてくれた。

試合に復帰するときも、おばちゃんにはお世話になった。チームの全体練習に参加することができず、早朝にグランドへ行って走っていたときには、帰りに開店前のお店に寄って話を聞いてもらった。

「今日はこんなことができました」

そう報告すると、きまっておばちゃんは、「すごいじゃない」と言ってほめてくれた。

「眠れなくて朝起きるのがしんどいんです」

そう愚痴をこぼせば、「寝なくても死ぬわけじゃない」と、明るく答えてくれた。

ふとした瞬間に、おばちゃんに言われた言葉を思い出し、開き直ることもできた。

また、僕の体調が優れず、練習の行き帰りがつらいときには泊めてもらったこともあった。練習場が近いこともあり、2部練習で遅くなったときには、お店から練習場に通ったほうが、時間的にも体力的にも軽減できると思ったからだ。おばちゃんはそんな僕のわがままを受け入れてくれた。

おばちゃんには、いつも「今日、自分ができたことをほめてあげなさい」と言われた。同時に、いつも「奥さんに感謝するのよ」と言って気遣ってもくれた。

おばちゃんは、家族でもない他人の自分が、僕のことに口出ししたり、相談に乗ったりすることが、僕の家族にとって本当はよくないのではないかと気にしてくれていた。でも、僕自身がおばちゃんに頼ってしまっていたし、おばちゃんにしてみたら、苦しんでいる僕を突き放すこともできなかったのだと思う。それを理解してくれた裕子に感謝するとともに、改めて僕は、本当に多くの人に助けられてきたと思う。

日に日に激しくなっていったハイとローの状態

2011年は、Jリーグが開幕してまもなく、東日本大震災が起こった。広島に住んでいる僕は、被災することはなかったけど、ニュースで映像を見るたびに、その被害の大きさに心を痛めた。被害にあった人たちが助け合い、復興しようとする姿には、「なんて自分は小さなことで悩んでいるのだろう」と、逆に勇気すらもらった。

東日本大震災によりリーグ戦は延期になったが、しばらくするとチームの練習は再開された。ただ、僕自身の体調は依然として思わしくなかった。

このころになると、僕は体調の波が激しくなっていたが、体調が悪いときにこそ、できることに目を向けるように努めていた。

それがサッカーでいえば、守備だった。僕は、ずっと攻撃的なポジションでプレーしてきただけに、守備は好きでもなければ、得意だったわけでもない。でも、目がぼやけたり、かすんでいたり、判断力が落ちているときこそ、その守備に目を向けるようにした。攻撃では、正確な技術と瞬間的な判断力が求められたが、守備は攻撃ほど、とっさのひらめきなどは求められない。守備で大事なのは、ハードワークであり、運動量になる。そのため、多少、思考力が落ちていても、がんばることでなんとか挽回することができた。それもあって、中断期間中に行われた練習試合で、とにかく守備に力を入れてプレーした。すると、守備をがんばったことによる相乗効果だったのか、攻撃にもプラスの効果をもたらした。できないことに目を向けるのではなく、今、できることにこそ意識を向けることが大切だということを知った。

２００９年に復帰して以降も、一度も思い描いたとおりのプレーができていなかったのに、苦手というか、得意ではないことに意識を向け、そこにトライすることで、理想に近いプレーができたのだ。手応えを得たことで、僕は復調した。リーグ戦が再開した初戦のガンバ大阪戦では得点を決められたし、チームも4－1で快勝している。

自分が迷っていたり、調子が悪かったりしたときほど、嫌なこと、苦手なことに目を向ける。このときはそれが守備だった。この考え方は、サッカーだけでなく、他の部分でも、その後の自分を支えるひとつの要素になった。

復調のきっかけをつかんだ一方で、躁うつの傾向は強くなっていった。当時は自分でも分からなかったし、あくまで振り返ってみた結果でしかないけど、「躁」と「うつ」の周期は明らかに短くなっていった。ハイテンションの時期には、試合でも活躍できると思っていたし、どんなプレーもできてしまうのではないかというほど自信満々だった。それはプライベートにも影響し、チームメイトや友人に食事に誘われれば、体調を気にすることなく、出かけてしまっていた。カズがなるべく体調を一定に保つように、いろいろなことをセーブし、コントロールしようと試行錯誤していた一方で、僕は症状に素直だった。

当時、裕子からは、「最近、外出しすぎなのでは？」と指摘されたり、「体調のことも考えて自重しては？」と諭されることもあった。でも、調子がいいときにそのように言われれば「逆に言われることで不安になる」と僕は反論していた。きっと、裕子には分かっていたのだろう。僕が「躁」の状態になっていることが……。

それだけに、何かの拍子に糸が切れるように不安に襲われると、僕の体調は一気に下降線をたどっていった。まさに好不調を繰り返していたように思う。

成長する起爆剤になった「ブラボー！」の言葉

僕だけでなくミシャに出会うまでのサンフレッチェ広島の選手たちは、試合をする前から勝負に負けていたのかもしれない。いつもミシャが選手たちに訴えかけることがあった。

「きみたちはできる。だから、自信を持ってプレーしてほしい」

僕がプロ3年目の2002年、J2降格の憂き目にあったように、サンフレッチェ広島は決して強豪と言われるようなクラブではなかった。順位を見れば、つねに中位か、それ以下で、J1の残留争いを戦うことのほうが多かった。そうした意識がチーム全体に染みついてしまっていたのか、鹿島アントラーズやジュビロ磐田といったチームと対戦するときは、いつも弱気になってしまっていた。その空気は、チーム全体を覆っていたように思う。そうした気持ちで戦えば、勝てる試合にも勝てなくなる。僕らはメンタリティーの部分で、試合前からすでに負けていた。

でも、ミシャは、チームに自信を植え付けてくれた。日々の練習で培ったプレーが出せれば、強豪チームにだって勝てる。毎回、毎試合、ミシャが訴え、発信してくれることで、僕らは少しずつ変わっていった。当時は、（柏木）陽介やアオをはじめ、年齢的にも若く、経験の浅い選手が多いチームだったけど、試合を重ねるたびに、彼らは自信を深め、チームとしてたくましくなっていることを実感した。僕も、ミシャの言葉に促されるようにして、少しずつメンタリティーは変わっていった。のちに、ミシャが北海道コンサドーレ札幌の監督となり、チームのメンタリティーが大きく成長している姿を見れば、自分たちの経験したことに照らし合わせてみても納得できる。

森保一《もりやすはじめ》監督になり、３度のＪ１優勝を達成したチームは、一喜一憂しないことでチームとしてのブレがなくなり、タイトルを獲得することができたけど、サンフレッチェ広島が最初に大きく変わったのは、ミシャが率いていたときだったように思う。

練習では、ミシャが叫ぶ「ブラボー！」という言葉が聞きたくて、いつもベストを尽くすようになった。ミシャ時代に確立した「３－４－２－１」システムで、僕はシャドーと呼ばれる２列目でプレーすることが多かった。ミシャからは、つねに「最低でも３つの選択肢を持ってプレーしよう」と言われていた。自分が考えて選択したプレーに対して、ミシャが否定することは、まずなかった。でも、それ以上に、「こうした選択肢もある」「こういうプレーもできる」と、つねにアイデアを提示してくれた。いつも考えてプレーしなければならず、頭も疲れれば、体力的にもきつかったけど、ミシャの想像を超えるプレーをしたときに、「ブラボー!」という声が聞けたときには、自分が成長していることを感じることができた。

走ることの重要性やハードワークすることの大切さが身にしみたのも、ミシャに出会ったことがきっかけだった。ミシャが監督に就任したばかりのころだった。

「ヨーロッパで名選手と呼ばれる選手たちが、どうして引退していくか分かるか?」

そう聞かれた僕は、ミシャの答えを待っていた。

「培った技術は衰えることはない。でも、みんな走れなくなってピッチを去っていくんだ」

その言葉が、ずっと頭の片隅に焼き付いていた僕は、衰えることのない技術を伸ばし、そして長くプレーできるようにとハードワークを心がけるようになった。

いつだったか、ミシャに指導する上で心がけていることは何かを聞いた。

「規律と自由だ」

ミシャは、そう教えてくれた。規律がなければチームはバラバラになってしまう。いかに優秀な選手をそろえようとも、チームとして機能することは難しい。一方で、自由がなければ、せっかくそろえた優秀な選手たちの個性は失われてしまう。だからこそ、ミシャは「規律と自由」のバランスを重要視していた。確かに、ミシャが目指すサッカーの攻撃スタイルは、パターンがあったように見えるかもしれない。そのため、相手チームから対策を練られ、抑えられることはあった。でも、ミシャは、それ以上の技術とアイデアで、対戦相手を上回ることを求めた。自分たちがボールを保持し、主導権を握るなかでは、つねに相手の予測を上回るようにと言われた。だから、特にインターセプトされたときには、声を荒げてどなられたこともあった。

ミシャが築いた「3－4－2－1」システムによる攻撃サッカーにおいて、2列目のシャドーは、ハードワークもさることながら、ゲームメイクも担わなければならず、やることは多岐にわたった。そのため、シャドーでプレーする選手は、3人目の動き、ボールのないところでの動きの質を要求された。つねに相手と相手の間でボールを受けること、相手よりも先に動くことを徹底された。ときにはボランチで起用されることもあったが、逆にずっとシャドーで起用してもらっていたら、「自分はどんな選手へと成長できたのだろうか」と思うこともある。それくらい、ミシャに出会い、ミシャの指導を受けたことで、2列目のポジションに魅力を感じていった。

心の病に苦しんでいたとき、僕は何度も、何度もミシャに救われた。同時に、ミシャに指導を受けていた5年半で、僕は人間としてだけではなく、サッカー選手としても大きく引き上げてもらったと思う。

２０１１年を最後にミシャはサンフレッチェ広島の監督を退任することになった。ミシャは僕とカズの心の病に対して、最大の理解を示してくれたひとりだった。

改めて振り返ってみると、ミシャがチームに残していってくれたことはたくさんあるけれど、最も大きなことは「サッカーは楽しむスポーツ」ということだったように思う。

第9章

もう二度とならないではなく、また必ずなる

森﨑和幸

8
KAZU

自己評価よりも周囲の評価を信じてみる

２０１２年、サンフレッチェ広島は、新監督に就任した森保一《もりやすはじめ》さんのもと、クラブ史上初となるＪ１優勝を成し遂げた。

森保さんとは、僕が高校3年生でJリーグデビューをした１９９９年から２００１年まで、チームメイトとしてともに過ごした。同じボランチというポジションだったこともあり、森保さんのプレーや立ち居振る舞いから、多くのものを盗み、プロとしての在り方を学んだ。当時の森保さんはキャプテンだったこともあり、僕ら若手とも積極的にコミュニケーションを取ってくれた。その後ろ姿には、チームを牽引していくリーダーシップを強く感じた。僕も選手としての晩年は、森保さんの姿勢にならったところもある。

監督としてサンフレッチェ広島に戻ってきた森保さんは、指揮官としてさらに強烈なリーダーシップを発揮した。２０１２年にＪ１で初優勝する過程では、監督として優勝するかしないかの勝負の分かれ目となる試合にのぞみ、さまざまな決断を下さなければならなかったが、特に僕が感銘を受けたのは、チームマネジメント力だった。

ずっと支えてきてもらったミシャが２０１１年シーズンをもってサンフレッチェ広島の

監督を退任することが決まり、森保さんが後任になるという話を聞いたとき、正直な思いを明かせば、少し不安だった。それはチームメイトだった当時、メディアや周りからは、僕が森保さんのポジションを奪ったと言われていたからだ。だから、もしかしたら、僕にはいい印象を抱いていないのではないかと思ったのだ。

でも、森保さんはそんなことを気にするような人物ではなかった。２０１２年シーズンの練習がスタートしたとき、森保さんには、こんな言葉をかけてもらった。

「カズは自分らしくプレーしてくれれば、それでいいから」

「声を出すだけがリーダーシップじゃない。だから、無理に声を出してチームを盛り上げようとするのではなく、プレーで示してくれればいいから」

すべてを見透かされているような気がした。２０１１年はチームを離脱することはなかった。しかし、精神的にはつねにギリギリのところで踏みとどまっていたし、体調的に苦しいと思ったときもあった。また、年齢も30歳を越え、チーム内でも上から数えたほうが早くなっていた。それだけに、キャプテンを務めていた以前のように、声を出してチームを鼓舞したり言葉をかけたりと、発信力でもチームを引っ張っていかなければと無理をしていたところもあった。森保さんもかつてボランチの選手だったので、自分にもピッチ中央でそうした役割を期待しているのだろうとも思っていた。

でも、森保さんはそんな僕に「自分らしくプレーしてくれればいい」と言ってくれた。森保さんのひと言は、そんな僕の心を軽くしてくれた。

森保さんは普段の何気ない会話でも、僕と浩司の心理状態を探り、うまく僕らの心をコントロールしてくれていた。

投げかける言葉は、まさに通院していた松田文雄先生と同じだった。

僕が試合でのパフォーマンスが思わしくなかったことを森保さんにこぼしたとする。するとと、森保さんは、きまってこう言い返してくれた。

「全然、問題なくできていたと思うけどな。だから、そんなに気にしなくていいよ」

僕はその言葉に何度も救われた。選手という立場からしてみれば、監督は絶対的な存在だ。選手たちが一番評価してもらいたいのは、監督になる。監督に評価してもらえれば、試合で起用してもらえるし、それが自分たちの存在価値へとつながっていくからだ。その立場にある森保さんが、自分を高く評価してくれている。そう思うことで、自信にもなり、体調も気にならなくなっていった。

森保さんから言われた言葉を聞いて、まさにカウンセリングを受けたときに松田先生から言われたことを思い出していた。

「自己評価よりも、周りの評価を信じてみてください」

それを覚えていたから、僕は森保さんの言葉を信じてプレーし続けることができた。

勝っても負けても一喜一憂しない

２０１２年にＪ１で初優勝したときのことだ。ミシャが築いてきた「３−４−２−１」システムを継続した森保さんは、僕ら選手たちにハードワークや守備意識を植え付けた。森保さんは、ピッチに立つ選手にサボることを許さなかった。その結果、選手一人ひとりに責任感が芽生え、他人任せにするようなプレーはなくなっていった。チーム全員の守備意識が高まり、築かれた強固な守備は、いつしか先制点さえ奪えば、負けないという自信へと変わっていった。

また、森保さんは僕らのメンタルにも訴えかけた。

チームは、シーズンを通して見ればリーグ戦で８敗もした。でも、森保さんは、勝ったときも負けたときも一喜一憂しないことを僕らに求めた。勝った試合でも、当然ながら課題はある。そこに目を向け、次の試合に向けて修正していく。連勝しても浮かれることなく、さらにレベルアップしようとする姿勢は、僕らから気の緩みという言葉を消し去った。負けたときも同様だった。敗戦した後でも、森保さんは気落ちしたり、落胆した様子を見せることなく、つねに変わらぬ姿勢と態度で僕らに接した。試合内容にしても、負けた試合のなかから、できた部分を探し、僕らを勇気づけることも忘れなかった。その繰り返しのなかで、選手たちはタフになり、チームは好不調の波がなくなった。J1初優勝した2012年、リーグ戦で一度も連敗しなかったという事実がそれを物語っているだろう。いつしか「一喜一憂しない」という言葉は、選手たちの間で合言葉になっていった。だから、僕らはJ1第32節で浦和レッズに0－2で敗れながらも、崩れたり、焦ったりすることもなく、次の試合で優勝を決めることができた。

2012年11月24日、J1第33節のセレッソ大阪戦に4－1で勝利し、リーグ初優勝を決めたときの光景は、一生忘れることはないだろう。広島ビッグアーチに駆けつけてくれた3万人をこえるサポーターと歓喜を分かち合った瞬間は、本当に最高だった。

試合終了の笛が鳴り、優勝が決まったことが分かったとき、ピッチには浩司もいれば、ヒサ（佐藤寿人《ひさと》）もいた。幾度もチームを離脱し、迷惑をかけてきただけに、ふたりと一緒に、優勝の瞬間に立ち会えたことは、心の底からうれしかった。同年代として、J2に降格したときも、再びJ1に復帰してからも、ずっと一緒にチームを引っ張ってきてくれた。僕らがグラウンドから遠ざかっていた時期も、ヒサはずっとサンフレッチェ広島のために戦っていた。他のチームメイトはもちろん、浩司とヒサと抱き合い、喜びを分かち合えたあの瞬間は、僕のサッカー人生のなかでも最高の瞬間となった。

気がつけば、２度のＪ２降格を知る選手は、僕と浩司のふたりだけになっていた。悲しい思いをさせたにもかかわらず、サポーターやファンの人たちは、その後もずっとチームを応援し続けてくれた。そのサポーターに優勝を届けられたことが何よりもうれしかった。

セレモニーが終わり、スタジアムを1周した後、サポーターの人たちが、僕と浩司にスタンドに上がるように声をかけてくれた。照れくさかったけど、浩司と一緒にスタンドに上がったとき、少しだけ恩を返すことができたと思い、ホッとしたことを覚えている。

それまでは、いつも準優勝止まりだった。高校3年生で初めて経験した１９９９年の天皇杯決勝は準優勝。２００７年の天皇杯決勝もそうだった。２０１０年のヤマザキナビスコカップ決勝でも試合終了間際に追いつかれると、延長戦で敗れた。あと一歩のところで僕はいつもタイトルを逃してきた。だから、ようやく手にした日本一の瞬間は、もうこれ以上ないほどに喜んだ。きっと、その瞬間をホームの広島ビッグアーチで達成できたのは、神様からのプレゼントだったと思う。

そして、もうひとり、誰よりも感謝を伝えたかったのが、妻の志乃だった。試合後は、メディアへの対応と、祝勝会で、家に帰ったのは深夜になっていたけど、志乃は寝ずに、僕の帰りを待っていてくれた。

家の玄関を開け、待っていてくれた彼女の首にキラキラと輝く優勝メダルをかけた。僕があの場所に立つことができた半分は、彼女の力もあったからだ。

「人生って苦しいことばかりじゃないんだね。苦しんだ分だけ、いいことも返ってくるんだね」

そう言ってくれた志乃の言葉も忘れたくはないから、ここに記しておきたい。

もうならないではなく、またなる

「もう二度と、うつ病にならないと思っている?」

妻の志乃には、今もこう聞かれる。それは、僕の調子を測るバロメーターになっている。

おそらく、この病気とは一生、付き合っていかなければならないだろう。現役を引退した今もそう思う。

でも、体調不良から回復し、日常生活を取り戻すと、どうしても苦しかったことを忘れてしまう。というよりは、思い出したくないから、記憶から消してしまう。

そして、調子がよくなると、僕はこう言っていた。

「オレ、もう、大丈夫だから」

自信満々の表情で、少し症状が出ても持ちこたえられるようになったと豪語すらした。でも、その一方でいい時期は長くは続かない。そう思っていないと、実際に症状が出たときの反動やショックは大きくなり、さらに症状は悪化していく。そうならないためにも、「また発症する可能性はある」と準備しておくことも、うつ病と付き合っていくには必要だと思う。

僕はそうしたことを、２０１６年からの３年間の経験で学んだ。

２０１２年にＪ１初優勝し、翌２０１３年にはＪ１連覇を成し遂げ、その後、２０１５年にも３度目のＪ１優勝を達成した時期には、僕自身も自分の心とうまく付き合うことができるようになっていた。目の違和感や思考力が低下しながらもなんとか踏みとどまり、試合や練習を休むような事態に陥ることはなかった。だから、もう二度と、心の病になることはないと思っていた。

ところが、２０１６年シーズンがはじまった春過ぎから、急に体調が崩れていった。今までは、それなりの原因があったのに、このときはまったく理由が見つからなかった。依然として森保さんが監督を務めていて、試合にも起用してくれていた。３度目のＪ１優勝をしてからは、対戦相手はより強固に対策を練ってくるようになった。勝つことは容易ではなくなったけれど、決して悲観するような状況ではなかった。自分としては、まったくストレスを感じる要素は見当たらなかった。

それなのに気がつけば、再び不眠症に陥っていた。浩司も好不調の波が激しく、ケガを繰り返すようになって苦しんでいた。そして、２０１６年の夏を過ぎたころ、浩司は35歳を迎えたこのシーズンで現役を引退することを決めた。その決断が、浩司を開き直らせたのか、浩司の体調は次第に上向いているように見えた。

一方の僕は、悪化の一途をたどっていた。それでも、これまでの経験から試合には出場していたし、何度も森保さんには体調のことでも相談に乗ってもらっていた。それでも……。プレーで復調するきっかけを見つけることもできなければ、不安の理由を探り当てることもできなかった。

だから、僕は浩司の引退会見に足を運ぶことができなかった。ずっと一緒に歩んできた浩司が現役引退を発表するというのに、僕は見届けてあげることすらできなかった。

それどころか、浩司にとって、エディオンスタジアム広島でプレーする最後となった２０１６年10月29日のアビスパ福岡戦で、僕は絶不調だった。子どものころから、勝負強かった浩司は、最後の試合でも華々しくゴールを決めて、自分で自分の花道を彩っていた。試合後のセレモニーでは、感動的なスピーチをしていたし、僕との思い出についても語ってくれていたけど、僕にはその内容がまったく頭に入ってこなかった。今にも倒れそうで、ずっと、ずっと、立っているのもつらかった。

30年近く一緒にプレーしてきた浩司がユニフォームを脱ぐと思えば、自然と涙は流れたし、さみしさもこみ上げてきたけれど、僕は、心ここにあらずという状態だった。だから、あのときの涙は、浩司の現役最後の瞬間なのに、僕はどうしてきちんと送り出してあげられないのだろうか……という悲しさ、情けなさからこぼれた涙だった。

理由や原因が自覚できないうつ病の発症

２０１６年シーズンをもって、浩司は17年間に及ぶプロサッカー選手としての生活に終止符を打った。浩司とはサッカーをはじめた小学生のときから、ずっと一緒にプレーしてきた。一度も違う道に進んだこともなければ、最後まで違うユニフォームを着てプレーすることもなかった。その浩司がグラウンドからいなくなり、僕ははじめてひとりになった。

僕が、２０１７年、２０１８年と心の病を患ったことについて、浩司がいなくなったからだと指摘する声を聞いたことがある。でも、それは半分正しくて、半分は違うと思う。

それまでにも浩司が体調を崩し、僕がひとりになった時期はあった。浩司がいなくてもプレーできていた時期はあったし、浩司がいなくてもプレーできる自信もあった。それだけに、心の病に陥ったことを、「浩司がいないから」という単純な理由で決めつけられるのには抵抗があった。

しかし、自分の好不調を確認する相手がいなくなったことは大きかった。僕らはいつもお互いの体調を確認し合うことで、自分の微かな異変を感じ取ってきた。病気を発症するようになってからは、僕らはつねにお互いがお互いのバロメーターだった。アドバイスを送り合うこともあれば、確かめ合うことで踏みとどまれたことも、何度もあった。

そして、２０１７年シーズンが始動すると、僕は、浩司の存在がいかに大きかったかを知った。鹿児島での1次キャンプは、ハードな練習が続いたが、練習の合間や夜にはひとりになる時間がある。そんなときには、浩司との思い出が脳裏に浮かんだ。

「いつも自由時間になると、お互いの部屋を行き来して、いろいろな話をしていたな」

「キャンプ先で、みんなで食事をするときは、いつも浩司が隣の席にいたな」

２０１８年に僕が引退を発表した後、チームメイトの（林）卓人《たくと》が言ってくれた言葉がある。卓人とは、年齢が近いこともあって、チームのことを含めて、いろいろな話をした。その卓人が、僕の引退を聞き、「今はまだ実感が湧かない。きっと、次のシーズンの練習がはじまったときに実感するんだと思います」とのコメントを寄せてくれていた。

まさに、２０１７年シーズンが始動したとき、僕は浩司に対して、そうした思いを抱いていた。

前年から、すでに心が悲鳴をあげていた僕は、鹿児島、タイと続くキャンプで、どんどん体調を悪化させていった。1次キャンプだった鹿児島で足を痛めていたこともあり、タイではトレーナーとリハビリメニューを行っていたが、このときにはすでに不眠症に陥っていて、体が鉛のように重く、トレーニングははかどらなかった。

そして、日本にいる妻の志乃に電話をかけると、こう言った。

「もう限界だよ。森保さんに帰らせてほしいって話すことにするよ」

志乃には鹿児島での1次キャンプを終えたとき、タイでの2次キャンプに参加するのは難しいかもしれないと相談していたので、僕の症状が悪化していることをすぐに理解してくれた。

「分かった。森保さんに体調のことを伝えてみれば」

電話を切ると、その足で監督である森保さんの部屋に向かった。森保さんの部屋のソファーに座り向かい合うと、すべてを打ち明けた。

「実は、3度目の優勝をした2015年のときから、少しずつ体調の波が激しくなっていたんです」

話しはじめた僕は、涙が止まらなかった。

「なんとか踏ん張ってきたんですけど、去年もずっと体調がよくならなくて……」

かなりの時間を費やして、これまでの経過、症状、そして今の状態を説明したと思う。

「もう一度休んで、リセットしなければ、よくはならないと思います」

意識は朦朧《もうろう》としていて、そのときの記憶は曖昧《あいまい》だが、これだけは覚えている。森保さんはこう言ってくれた。

「カズが自分でどうすればいいか分かっているのであれば、そのとおりにするのが一番だと思う。今、休むことが最善だと思っているのならば、そうしたほうがいいということだよ」

森保さんの前で、ひたすら泣いた。苦しいことも、悔しいと思っていることも、自分がどうすればいいか分からなくなっていることも、すべてを打ち明けた。弱音も吐いたし、謝りもした。森保さんはそのすべてを受け止め、僕の気がすむまで話を聞いてくれた。

翌日、僕はスタッフに空港まで送ってもらうと、ひとりで帰国した。プロサッカー選手として、18年目のシーズンで、4度目の離脱である。タイから戻ったときには、正直、生きる希望を見失っていた。

自分は何のために生きているのだろうか。

それを思い出させてくれたのは、周りにいる人々だった。

「カズ、君はひとりじゃない」

２０１７年のＪ１ホーム開幕戦で、エディオンスタジアム広島に掲げてくれたサポーターからのメッセージは、しっかりと僕のもとまで届いていた。監督である森保さんは、頻繁に連絡をくれた。僕の体調を気遣い、つねに前向きになれる言葉をかけ続けてくれた。チームメイトも頻繁に連絡をしてくれた。特にキャプテンを務めていたアオ（青山敏弘《としひろ》）は、ことあるごとにチームの状況を伝えてくれた。現役を引退し、サンフレッチェ広島のアンバサダーという新しい役職に就いた浩司も、僕の体調を気遣ってくれた。その年、チームはシーズン序盤から苦しんでいただけに、浩司は「お前がいればなぁ」「お前が戻ってくればなぁ」と、繰り返し連絡をくれた。その言葉に、「やっぱり自分がピッチに戻らなければならない」と、前向きになることができた。きっと、浩司には、このときの僕に何を伝えるのが効果的で、最適なのかが分かっていたのだろう。

また、子どもの習いごとで知り合った人からも「待っている」という言葉をもらった。監督、チームメイト、サポーター、そして自分に関わるありとあらゆる人が、自分がピッチに戻ることを待ち望んでくれている。そう思うと、少しずつ体調は上向いていった。

一体、なぜ練習に復帰できたのかは、自分でも分からない。今までとは違い、明確なきっかけや転機となる出来事はなかった。だから、もし理由を挙げるなら、それは周囲の助けであり、声だったのだろう。

このときの僕は、それほど時間はかからずに練習に合流し、試合にも復帰した。ただ、僕が離脱している間、チームは開幕から5試合も勝ち星から見放され、4連敗する時期もあった。森保さんがサンフレッチェ広島の監督に就任してから、間違いなく最大のピンチだった。僕は日本人としては、チーム最年長選手となっていただけに「なんとかチームをまとめなければ」「森保さんの力にならなければ」という思いが、自分を突き動かしていた。

今思えば、復帰してからは、「躁」状態になっていたのだろう。ひとつ歯車が狂えば、チームが崩壊してしまいそうな状態だと感じた僕は、この時期、チームメイトに声をかけては、食事に出かけた。試合に出場している主力メンバーはほぼ全員。その年に加入した選手や若手も誘って、何度も食事に行った。明らかに、自分らしくないというか、今までしてこなかったような行動だった。それは、まさに躁の領域にいたのだろう。

ただ、時間が足りなかった。すぐに結果が出るほどサッカーは甘くなく、自分自身も先発に復帰できるほどの存在感を示すことはできなかった。

そして、7月1日に行われたJ1第17節の浦和レッズ戦を最後に、森保さんは成績不振の責任を取って監督を退任した。その試合で、森保さんが最後に切ったカードが、他でもない僕だった。こうしためぐりあわせを、運命と言うのだろうか。3−2でリードしていた後半35分、僕はアオに代わってピッチに送り出された。だが、5分後の後半40分、さらにはアディショナルタイムに失点を許すと、チームは3−4で敗戦した。

あのとき、僕がチームを勝利に導くことができていれば、失点をすることなく踏みとどまることができていれば、どうなっていたのだろうか……。「たられば」を言ったところで、過去は変わらない。ただ、森保さんのもとでサッカーができた時間は、自分の人生においても輝かしいものだっただけに、無力さでいっぱいだった。

自分を、サッカーを呪い、生きる意味を見失った

「またか……」

僕は、心底、自分にがっかりした。

2018年、サンフレッチェ広島は、城福浩《じょうふくひろし》監督のもと、新たなスタートを切ることになった。自分にとっては、初めて指導を受ける監督になる。小野剛《たけし》さん、ミシャ、そして森保さんと、自分が心の病を発症するようになってからは、どの監督にも、最大の理解を示してもらった。はたして城福さんはどうなのだろうか。会う前は、それが未知数だったこと、さらには大幅にメンバーも入れ替わったことで、僕の心は不安にむしばまれていった。必要以上に危機感を抱いてしまった僕は、またも、シーズンオフに体を休めることが

できなかった。

そのオフ中には、病院に行き、症状を訴えた。しばらく服用していなかった抗うつ薬を処方してもらうと、再び飲みはじめた。自分の考え方を変えようと、日ごろから努力を続けてきたのは、薬に頼ることを避けたかったからだ。でも、このときは、薬なしでは、体と精神のバランスを保つことはできなくなっていた。

気がつけば始動日になり、重い体を引きずるようにして、練習場に行き、タイで行われるキャンプに参加した。自分でも、そんな状態でよくタイに行けたと思う。２０１８年のキャンプでは卓人と同部屋だったこともあり、迷惑はかけられないと必死で平常心を装った。

ただ、もはや練習に参加できるコンディションではなくなっていた。だから、城福監督に状態を伝えると、全体練習を休ませてもらった。それでも、途中で離脱することだけは避けたかった。前年は、タイでのキャンプ中に途中帰国させてもらい、チームに迷惑をかけてしまった。だから、今回はなんとか乗り切ろうと踏ん張った。

タイでのキャンプ中は、トレーナーに付き添ってもらい、室内でエアロバイクをこいだり、ホテル周辺を自転車で走ったりした。親身になって付き合ってくれたトレーナーの木本実さんには申し訳なかったが、すでにサッカーどころではなく、生きる気力がなくなっていた。

この時点で、サッカーを続けるという選択肢はもうなかった。

確実にうつ症状で落ち込んでいくスパンが短くなっている。以前は、体調が回復すると、しばらくは問題のない時期が続いていた。それが年齢的なものなのか、それとも回数を重ねているせいなのかは分からないが、すぐに体調が崩れていく。明らかに「限界」の二文字が浮かんだ。

「もう、引退しよう」

だから、広島に戻ったときには、こう思っていた。

２００６年にオーバートレーニング症候群になり、初めてチームを離脱した。２００９年、２０１０年と慢性疲労症候群で再び試合から遠ざかった。２０１７年にも心の病を再発すると、チームには迷惑をかけた。こんな前例は聞いたこともなければ、前例があったとしても、とうの昔にクビになっていてもおかしくはないだろう。それなのに、サンフレッチェ広島は、僕を見捨てずに、ずっとプレーする場所を用意してくれた。これ以上、育ったクラブに、迷惑をかけることはできない。だから、今すぐにでも契約を解除してもらうことが、自分のためであり、クラブのためだと思った。

家に帰ると、いつものように真っ暗にした部屋のなかに横たわり、いろいろなことを思い出していた。

そして、泣いて、泣いて、泣きまくった。体中の水分がすべて出きってしまったのではないかと思うくらいに泣いた。

サッカーを呪った。

なんで、自分はサッカーなんてしたのだろうか。

なんで、サッカーに出会ってしまったのだろうか。

サッカーをしていなければ、これほど苦しむことはなかったのではないか。

自分の人生を、起こったすべてのことを否定し、呪った。

諦めたら、そこで終わり

部屋に閉じこもるような生活が数日経ちようやくリビングに出ると、妻の志乃に言った。

「（強化部長の）足立修さんに連絡してもいいかな。オレ、もう契約解除してくださいって言うよ」

志乃はいつものように、体調が悪いときには判断しないほうがいいと、僕を必死に説得した。

「今すぐに連絡しなくてもいいんじゃない？　きちんと考えて、体調がよくなってから判断して、連絡したほうがいいよ」

僕自身は、チームに迷惑をかけていることが申し訳なかった。だから、こう言った。

「じゃあ、ゴールデンウィークが過ぎても体調がよくなっていなかったら、チームに連絡してもいい？」

志乃は、僕の意見を汲んでくれた。でも、約束のゴールデンウィークを過ぎても、体調はよくなっていなかった。

だから、僕は、再び契約を解除してもらう連絡をしたいと志乃に言った。

「やっぱり、足立さんに連絡してもいいかな？　引退についても、リリースを出してもらえばいいと思うんだよね」

現役を引退する挨拶や会見をする自信もなかった。だから、僕はコメントだけを発表してもらえばいいと考えていた。その言葉に志乃は反論した。

「それはちょっと無責任すぎると思うよ。そこだけは、ずっと応援してきてくれたサポーターの人たちに、自分の口で伝えなければいけないんじゃない？」

志乃が言ったその言葉が胸に刺さった。僕は自分のことだけしか考えていなかったことに気づかされたのだ。

依然として、希望や兆しすら感じることのできなかった僕は、病院に行くことすらためらった。心の病になるたびに、もう二度となりたくないと思うから、人一倍、生活には気を遣ってきたし、体調管理も行ってきた。それなのに、再び症状は襲ってきたし、回数を重ねるごとに症状はひどくなっていく。誰かのせいにしなければ、心を保つことは不可能だった。だから、このときばかりは、長年、カウンセリングを続けてきてくれた主治医のせいにした。

病院に行こうともせず、ただ、ただ、家にこもる僕を見かねた志乃は、知人の紹介もあって、違う病院を探してきてくれた。体調が思わしくなかった僕は、「一から症状を説明することはできない」と、他の病院に行くことを拒んだ。すると、志乃は、ひとりで病院に行き、僕の症状を説明した。

部屋に引きこもるような状態からは抜け出していたが、散歩をするような気力も湧かなければ、遊びに出かけることもできずにいた。そんな状態が2カ月くらいは続いていたのではないだろうか。四季を感じる余裕もなかったが、季節はすっかり春になっていた。

志乃に説得され、新しい病院で診察を受けた。そこで告げられたのは「双極性障害」、いわゆる「躁《そう》うつ病」という診断だった。

ただ、違う病院に行っても、症状が改善することはなかった。結局のところ、僕はずっと通っていた精神科の病院に再び行くことにした。しばらく顔を出さなかったことを心配して、松田文雄先生が妻に連絡をくれたことがきっかけだった。それまで、長い間、僕の症状を診てくれていたことで、松田先生は、サッカーという競技にも、プロスポーツ選手という職業にも理解を深めていた。やはり、僕の状況や抱えている不安を、理解してもらえているという信頼関係を築けていたことが大きかった。

もうひとつ言えることがある。

僕には家族がいた。

僕には仲間がいた。

僕には待っていてくれる人たちもいた。

志乃には感謝してもしきれない。もともと学生時代にこの病気に対する知識を学んでいたようだったが、結婚してからはさらに学び、僕のことを知り、理解しようと努めてくれた。ときに優しく、ときに強く、僕に接してくれたのは、ずっと僕を見てきたからこそのことだろう。半ば強引に練習場へと僕を引っ張っていったときも、妻だからこそ分かる僕の体調であり、変化の兆しを感じ取っていたのだと思う。僕には最高のメンタルトレーナーがいたことで、何度も、何度も、グラウンドに、ピッチに戻ることができた。

また、2018年のとき、志乃はひとつの決断をした。それまでは、僕の症状が悪化したときには息子と娘を実家に預けていた。さすがに父親の情けない姿を見せまいと、気遣ってくれていたのだろう。だがこのときは、家族で乗り越える問題として、志乃はふたりの子どもたちにも、僕のすべてを見せたのだ。

僕がピッチに戻れたのは、やはり、家族のおかげだと思う。少しずつ日常生活が送れるようになると、家族4人で散歩をするようになった。それまでは症状が出たときには、妻とふたりだったのが、このときは4人で過ごしていた。

そのとき思ったのだ。長男に僕はこう言っていたことを――。

「諦めたら、そこで終わり」

父親として、もう一度、ピッチに立つ姿を見せようと、僕は一歩を踏み出した。

そして志乃にもこう言われた。

「もう一度、ピッチに戻るのは、自分のためではなく、待ってくれているサポーターのためだからね」

僕が最後の最後までピッチに戻れた理由

わずか1年間の指導だったが、現役最後の監督となった城福さんには、いつも勇気をもらった。

あれはたしか、チームがタイでのキャンプを終えて、２次キャンプとなる宮崎に向かう日のことだった。すでにトレーナーを経由して、キャンプに参加しないことを伝えていた僕に、城福さんからメールが届いた。

これはのちに聞いた話だけど、キャンプ前日に、城福さんから浩司のところに電話があったという。そこで城福さんは浩司に「カズに連絡をしても大丈夫だろうか」と相談をしてくれていたようだ。浩司が「きっと、喜ぶと思いますよ」と伝えてくれていたこともあって、城福さんは、僕に連絡をくれたのだ。

返信をすると、すぐに「電話をしても大丈夫か？」と、再びメールがあった。

「大丈夫です」と返事をすると、すぐに城福さんから連絡があった。そこで、城福さんはこう言ってくれた。

「何も心配せずにゆっくり休んでくれ。今日からチームは宮崎キャンプに行くけれども、カズもチームの一員だからな」

気力を失っている僕でも、その言葉は本当にうれしかった。その後も城福さんはことあるごとにメールを送ってくれた。試合の結果、内容、監督としての思いを伝えてくれた。ときには、試合が終わってまだ間もないタイミングでメールが届くこともあった。すぐに返信をすることができないときもあったが、城福さんからのメールを読み返して泣いたこともあった。そのメールを見るたびに、自分がチームの一員だと感じることもできた。

トレーナーの木本さんにも感謝は尽きない。練習場に足を運んだのは、夏だったと思う。8カ月近く実践から遠ざかり、37歳を迎えていた僕の体は、とてもアスリートと呼べるものではなかった。もう一度、体を作っていく過程では、若いころとはまったく状態が違うことを痛いほど思い知らされた。それでも、木本さんは親身になってリハビリに付き合ってくれた。そのときの言葉も、一生、忘れることはないだろう。

「絶対にお前をピッチに戻れる体にしてやるからな」

最初はチームの全体練習に参加するのが嫌だったから、いつものように朝早く誰もいない吉田サッカー公園に向かった。リハビリメニューを終えて帰るころに、チームメイトは練習場にやってくる。すれ違うのさえ嫌だったから、ときにはコンビニの駐車場に車を停めて、時間を潰したこともある。それでもチームメイトとすれ違ってしまうこともあった。チバちゃん（千葉和彦）は僕の車を見つけると、すれ違うときに、満面の笑顔を浮かべ、全力で手を振ってくれた。その笑顔に安心することができたし、勇気づけられたことも忘れられない。

正直なことを言えば、最初は、社会復帰するためのリハビリのつもりだった。もう一度、ピッチに立つことはできないと思っていたし、志乃の言うように、お世話になった人たちや、ずっと応援してきてくれたサポーターに、自分の口から選手生活を終えることを伝えられたらと思っていただけだった。

でも、全体練習に参加した8月28日、チームメイトのみんなは、僕を笑顔で迎えてくれた。そのチームメイトと再びボールを蹴れば、もう少しだけサッカーがやりたいなと、思うことができた。現役引退を発表してからは、練習場の行き帰りに、車のなかでひとり泣いたこともある。つくづく、自分は泣いてばっかりだなと、そのとき思ったものだ。

そうやって迎えた2018年11月24日だった——。

対戦相手が名古屋グランパスで、喜びや悲しみも一緒に乗り越えてきたヒサがいて、ユースからずっと切磋琢磨してきたコマ（駒野友一）まで来てくれて、浩司と4人で、その瞬間を迎えられるとは思っていなかった。なにより、ユースから数えれば22年、ずっと応援してきてくれたサポーターの前で、自分の口で、言葉で、感謝を伝えることができて本当によかった。

最後まで完璧主義者である一面を捨てることのできなかった僕は、引退セレモニーで語る内容を暗記して、当日に臨んだ。あの場所で、大切なことを言い忘れてしまうのが、どうしても嫌だった。

エディオンスタジアム広島では、こんな言葉を伝えさせてもらった。

ユースから数えれば22年、プロになってからは19年。自分のキャリアを振り返れば、2度のＪ２降格と度重なる体調不良で、何度も、何度もチームに迷惑をかけましたし、サポーターにも多くの心配をかけました。そのたびに大きな声援で、チームを、僕を励まし、支え、助け、そして背中を押してくれたサポーターには感謝の言葉しかありません。

思い出を挙げればキリがないですけど、いつだったかピッチに戻ってきたとき、「何度でも言うよ、カズおかえり」という横断幕を見たときには、試合前にもかかわらず、涙をこらえるのが大変でした。そんな苦しかったことの多かった自分のキャリアですが、サポーターのみんなと一緒に3度の優勝を喜べたことは、自分にとって最高の瞬間であり、最高の幸せでもありました。

6年前、サンフレッチェ広島がＪ１初優勝を決めたのと同じ11月24日にこうして引退セレモニーができるのも、サンフレッチェやみんなとの運命を感じずにはいられません。

感謝の言葉を伝えたい人は数多くいるけど、まずは両親。なかなか面と向かって感謝の言葉を伝えたことはないけれど、この場を借りて、「僕を生んでくれてありがとう」と伝えたい。きっと大変なこともあっただろうけど、僕の知らないところで、僕を気遣い、いろいろとサポートしてくれていたよね。

そして妻である志乃と陽太《ひなた》と日葵《ひまり》。言葉ではいい表せないほどの感謝があります。たくさん迷惑をかけたので、これからは父親としてもがんばりたいと思っているよ。

あとは、僕がサッカーをはじめた地元・矢野からサンフレッチェ広島まで、双子の弟である浩司をはじめ、出会ったすべてのチームメイトと指導者の方たちに、ありがとうの言葉を伝えたい。みんながいたから、僕はここまでプレーすることができたし、喜びも悲しみも多くのことを分かち合うことができました。

最後に、自分は今シーズンをもって、サンフレッチェ広島の選手ではなくなりますが、これからもサンフレッチェ広島は続いていきます。これまで以上に、サンフレッチェ広島への愛情を注いでいただき、声援を送ってもらえたらと思います。

サンフレッチェ広島は、僕のすべてであり、人生そのものでした。今までも、これからも誇りです。

本当に19年間、ありがとうございました。


必死に言葉を思い出し、そして伝えきったときに僕は思った。

たぶん、僕は、生きるために、ピッチに戻ってきたんだなと。同時にサッカー選手としての森﨑和幸にケジメをつけるために。

家族、チームメイト、監督、スタッフ、サポーター、友人……名前を挙げれば、本当にきりがない。本当に僕は多くの人に支えられて、ここまで歩んでくることができた。妻がいうように、また、心の病に陥るかもしれない。それでも、きっとまた、戻ってくることができるはずだ。

「諦めたら、そこで終わり」

この言葉とともに、僕はこれからも生き続ける。

第10章

しんどい自分も好きになる

森崎浩司

7

KOJI

何者でもない自分になってみる

《うつ病》を患うようになってから出会った指導者は、僕の体調に最大限に理解を示してくれた。小野剛《たけし》さん、ミシャことミハイロ・ペトロヴィッチさん、そして森保一《もりやすはじめ》さんと、全員が人として僕と向き合ってくれた。そんな僕は本当に幸運だった。

2011年シーズンを最後に、ミシャがサンフレッチェ広島の監督を退任すると、後任に就いたのが森保さんだった。森保さんは監督に就任することが決まると、すぐに僕らに連絡をくれた。わざわざ連絡をくれたのは、森保さんの現役時代にチームメイトとしてプレーしていたこともあったし、森保さんが指導者になってからもコーチと選手という間柄で接してきたからだろうと思った。でも、あとから聞けば、実際は所属していた選手全員に連絡をしていたという。

森保さんが連絡をくれたとき、すでに体調が悪くなりかけていた僕は、素直にそのことを伝えた。すると、森保さんは「一度、会って話そう」と、わざわざ時間を作ってくれた。カズにも声をかけ、3人で会うことにした。そこで、僕は包み隠すことなく、これまでの症状、今の症状、そして抱えている不安を話した。このとき、すでに回復に向かっていたカズは、体調が思わしくなく、うまく伝えることができない僕の言葉を補ってくれた。

そして、僕の思いを聞き終えた森保さんは、こう言ってくれた。

「浩司の好きなようにしていいから」

それはミシャが、僕らに対してつねに言ってくれた言葉と同じだった。

だが、すでに僕の体調は、悪化の一途をたどっていた。

2012年シーズンを前にしたキャンプがはじまった。1次キャンプの沖縄も、2次キャンプの宮崎も必死に食らいついた。覚えているのは、沖縄キャンプを終えて、広島に帰ったときのことだ。宮崎キャンプに向けて2日間与えられたオフでは、妻である裕子の実家で過ごしていた。でも、体調が悪かった僕は、宮崎キャンプに出発する前日、夜中まで眠れずに、裕子に「行きたくない」と、弱音を吐いていた。それでも重い腰を上げると宮崎に向かった。

キャンプから戻ると、肉体的にも追い込まれていたこともあり、これ以上、練習を続けていくのは難しいだろうと自分なりに判断した。勇気を出して森保さんにそのことを伝えると、森保さんは練習を休むことに理解を示してくれた。

「精神的につらい状態のなかで、浩司は沖縄でも宮崎でもトレーニングをやってきてくれた。フィジカル的なトレーニングもかなり積んでいる。少し休んだところで、簡単にコンディションは落ちないと思うよ。だから、今はしっかり休んでくれればいい」

森保さんは、僕が通院していた病院の松田文雄先生とも話をして、症状や状況を把握してくれていた。一度でも休んでしまえば、症状が悪化し、長引くことを知っていた裕子は、反対した。でも、このときの自分には妙な自信があった。はっきりとした理由は今でも分からない。2週間、しっかりと休めば、再び練習に戻れるという確信があった。

「とにかく、2週間だけ好きにさせてほしい」

練習を休むと、僕は、思いっきりリフレッシュした。

そのとき試みたのは、今までの自分ではない、自分になることだった。サンフレッチェ広島の森﨑浩司ではなく、ただの森﨑浩司になった。休んでいる間には、昼間からゲームセンターに入り浸り、何か無心になれるものがないかと、パチンコにも興じた。今まで自分がしてこなかったことに、とことんチャレンジし、没頭してみた。僕ははじめて、自分に開き直ることができたのだろう。2週間だけ休むと、練習に復帰した。それでも体調は戻らなかったし、その後も苦しんだけれど、練習にも試合にもすぐに戻ることができた。

そんな僕を森保さんは、いつも気遣ってくれた。森保さんは、監督に就任したばかりどころか、監督自体がはじめてだった。ひとりの選手だけに構っている時間などないはずなのに、いつも僕の体調を心配してくれていた。

森保さんが監督としてはじめて指揮したそのシーズン、僕が復帰したのは、Ｊ1第6節のサガン鳥栖戦だった。その試合に途中出場すると、その後も限られた時間ながら、森保さんは試合でチャンスを与えてくれた。

忘れられないのが、２０１２年5月26日に行われた、アウェイでの北海道コンサドーレ札幌戦だった。札幌厚別公園競技場で行われたその試合、後半33分にピッチに入った僕は、出場からわずか5分後に得たフリーキックで、直接シュートを叩き込んだ。得点という形で、チームの勝利に貢献できたことがうれしかったし、チームメイトのみんなが僕のゴールを心の底から喜んでくれたこともうれしかった。

試合後の記者会見では、僕のゴールについて森保さんが言葉につまり、涙を潤ませたという。

「本当に……我々にはなかなか理解してあげられないコンディションの問題で苦しんでいましたけど、プレーも非常によくなっていますし、ここ数試合でいえば、決定的なチャンスのところまで、彼はいっていました。だから、今日は得点を取ってくれて、彼が今まで苦しい時期をがんばってきたことが報われたのではないかと思います」

試合後にそのコメントを知り、僕も目頭が熱くなった。そして僕は、この試合での得点がきっかけになって、少しずつ体調を取り戻すことができた。

復調の契機となる不変のバロメーター

サンフレッチェ広島が、クラブ史上初となるＪ1優勝を達成する２０１２年シーズン、僕はリーグ戦で28試合に出場することができた。でも、先発出場したのは、そのうち11試合。シーズン序盤は途中出場が多く、交代でピッチに入り試合の流れを変える難しさに直面していたが、不思議と不満はなかった。体調には苦しんだスタートだったけど、再びピッチに戻ることができ、チームに少しでも貢献したいという思いが強かったからだ。

ただ、北海道コンサドーレ札幌戦のゴールをきっかけに、僕は久しぶりにいわゆるハイの領域に突入していったのだろう。徐々に自信を取り戻し、試合に出たいという思いが増していった。その思いが、結果を残してやるというパワーに変わったのである。

もうひとつ覚えているのはＪ1第17節、広島ビッグアーチで行われたジュビロ磐田戦だった。試合日は7月7日。結婚記念日であり、長女の誕生日だ。自信でみなぎっていた僕は、試合前に森保さんにそのことを告げると、試合に出場させてほしいとアピールした。

でも、後半になってもなかなか出番は巡ってこない。試合が0−0で推移していたこともあっただろう。残り時間が15分を切っても、森保さんから声がかかることはなかった。

「今日の試合で僕を使うつもりがないのかもしれない」と憤っていた。それがまた、力に変わったのだろう。後半33分になり、僕はようやく呼ばれると、ヒサ（佐藤寿人《ひさと》）に代わってピッチに立った。そして、試合終了間際のアディショナルタイムにゴールを決めて2–0の勝利に貢献した。

このゴールをきっかけに、僕の調子はさらに上向いていった。そうしたコンディションの変化は、森保さんにも分かったのだろう。シーズン終盤になると、先発で起用される機会が増え、僕は結果的に7得点を挙げることができた。

人生最高の瞬間を経て再発しないと過信した

試合終了のホイッスルが鳴り、しばらくして優勝が決まったことが分かったときには、どう喜んでいいのか、どう感情を表現していいのか分からなかった。

僕はピッチの上に仰向けになり、その余韻《よいん》と歓喜に浸った。それは、優勝したときには、いつも見慣れたスタジアムの空がどう見えるのだろうと思っていたからだった。

1年間を通して活躍することはできなかったけど、終盤になるにしたがいコンディションが回復していくと、先発で試合に出場することができた。得点やアシストという目に見える形で、チームを勝利に導くことができた。それもあって少しは優勝に貢献することができたという思いを抱くことができた。

ずっと一緒にプレーしてきたカズ、そして同世代としてチームを牽引してきてくれたヒサと、ピッチの上で優勝の瞬間を迎えられたこともうれしかった。監督就任1年目という大変ななか、僕の体調を考慮しながら起用し続けてくれた森保さんと、抱き合って喜べたことも幸せだった。

J1優勝が決まり、しばらくすると、ピッチ脇で誰よりも大きく手を振って、僕を呼んでいる妻と娘がいた。あまりに大きな身振り手振りだったから、思わず笑えてきて、その瞬間にホッとした。僕が体調を崩して、日常生活がままならないときも、妻はその明るさでいつも僕を支えてきてくれたことを改めて思い出した。

僕とカズは、在籍する選手のなかで、サンフレッチェ広島の歴史を最も知る選手になっていた。J1残留争いを繰り広げていた過去も、J2に降格した苦い経験も、すべてが自分たちの責任だと思ってきた。それだけに、いつかこのクラブを頂点に導きたいという思いはずっと、ずっと心に抱いていた。あの日、それが達成できたこと、その瞬間をピッチで迎えられたことには、今でも本当に感謝している。

本当に2012年は調子のいい時期が持続した。夏場から優勝が決まる冬場になっても、体調が崩れる気配はなく、その後のＦＩＦＡクラブワールドカップでも楽しさを感じながらプレーすることができた。それくらい久々に、体調を崩して苦しんできたことも、プレーできずに悩んでいたことも、そのすべてを忘れてしまうくらいに充実していた。

その年の公式戦が終わった後に、主治医の松田先生に会いに行き、優勝報告を兼ねて、お礼を言った。そこで僕は「今までありがとうございました」と、告げていた。

あのときの僕は、もう二度と《うつ病》に陥ることはないと思っていた。

明確な原因すら見当たらなくなった《うつ病》の発症

Ｊ１初優勝した翌年の２０１３年から２０１６年に現役を引退するまでの間、僕は心の病と戦い続けることになった。

２０１３年は、キャンプから好調だった。前年にＪ１で優勝したこともあり、迎えたシーズンは過去最高の自分を見せる。そう意気込んでいた。実際、２０１２年のＪ１初優勝後、チーム全員で参加したＪリーグアウォーズが終わると、僕は記者の人たちの前でこう豪語していた。

「２０１３年は、自分にとってキャリアハイの成績を残して、ベストイレブンに選ばれてみせますから」

その証拠に、浦和レッズと対戦した２０１３年のＪ１開幕戦では、フリーキックから直接ゴールを決めることができた。その後も先発で試合に出場していたように、体調を崩すきっかけもなければ、不安となるような要素もなかった。

それなのに、急激に心身の不調を感じた。

どこか人と話していても、内容が頭に入ってこなくなった。それでも体調はよく、睡眠も取れていたから、なぜ、そう感じてしまうのか疑問だった。でも、これが契機となり、試合中も思考力の低下を気にするようになった。そして、追い打ちをかけるようにケガを繰り返した。軽傷だったが筋肉のケガにより一度、練習を回避し、再び復帰して間もないときだった。練習中に今度は右膝内側靱帯を痛め、全治６週間と診断された。決してシーズン絶望となるようなケガではなかったが、調子がよかっただけに、大きくショックを受けた。そして、僕は最悪の事態を考えるようになっていった。

最悪の事態とは、練習を休まざるを得ない状況であり、日常生活を送れなくなるほど落ちていく自分の姿だった。

そこから一気に体調を崩していった僕は、精神的にも不安定になっていった。

「もう、終わったな……」

年齢的にも30歳を過ぎていたこともあり、さすがに「引退」の二文字がちらついた。同時に、年末に記者に告げていた自分のコメントを思い起こしてもいた。

「キャリアハイの成績を残すとたんかを切ったのに、リーグ戦をたった3試合で離脱して、とても目標を達成することなんてできないよな。なんて自分は格好悪いのだろうか」

原因不明の体調不良、追い打ちをかけたケガ。さらにチームはJ1連覇を達成することになるほど好調で、それも自分を苦しめた。

「どうして自分ばかりがこんな思いをしなければいけないのだろうか」

自己嫌悪に陥り、自分自身を責め、呪いもした。

僕は、ついに練習を休むと、何もしない生活へと戻ってしまった。ひとりになるのが怖くて、裕子にそばにいてもらわなければ不安になった。サッカー選手としての将来を考えてしまっていたからだ。これだけ《うつ病》を繰り返してしまって、これ以上、チームに迷惑はかけられない。もう引退するしかない。でも、こんな状態の自分が、どうやってこの先、生きていけばいいのだろうか。このときから、体調を崩すたびに、引退の二文字が浮かぶようになった。

「自分がいなくてもチームの調子はいいし、もう必要ないだろうな」

「もうサッカー選手としてピッチには戻りたくない」

毎日が自問自答の繰り返しだった。

そんな僕に根気強く付き合ってくれたのが、他でもない森保さんだった。ケガをしていた時期には、その症状や状態を含めて、僕が抱えている不安や悩みをすべて聞くと言ってくれた。チームを束ねる指揮官である。他にやるべきことはいくらでもあっただろう。それでも、天気がいいときには、練習場の芝生の上に座り、僕の話にいつも耳を傾けてくれた。それは1時間や2時間に及ぶこともあった。

僕があまりにネガティブな思考に支配されているため、同じ症状を抱えているカズですら、「もう、その話はやめよう」と、会話を終わらせることもあった。でも、森保さんは、一度も自分から話を打ち切ることもなければ、腰を上げることもなかった。

「何かあれば、いつでもオレが支えるから」

僕が気のすむまで話に付き合い、そして一度もネガティブなことを言わなかった。

しんどい自分のことも好きになる

「オレにできることがあれば、力になるからなんでも言ってよ」

森保さんは、いつもこう言ってくれていた。

森保さんは僕の力になってくれていたし、信頼していたから勇気を出して言った。

「あの……チームのみんながいる時間帯に練習場に行くことはできないので、みんなが練習場に来る前に走ってみようと思っているんです」

一日中家にいても、気分転換に外出してみても、何も変化がないことは、もう分かっていた。きっと、きっかけを探していたのかもしれない。

「よかったら、一緒に走ってもらえませんか」

他の人に同じことは言えなかっただろう。森保さんはずっと僕の話を聞き続けてくれた。いつも嫌な顔ひとつせずに付き合ってくれた。森保さんとなら、きっと一歩が踏み出せる。森保さんと一緒に走れば、自分にとってプラスになるのではないか。そう思えた。

「分かった。じゃあ、一緒に走ろう」

そう言ってくれた森保さんは、自分が車で迎えに行こうか。さらには前日に自分の家に泊まって、一緒に行こうかとも言ってくれた。さすがにそこまで甘えるわけにはいかず、練習場で待ち合わせをすることにしたけれど、森保さんが待っていてくれると思えば、自然と足は向いた。

午前10時から練習がはじまるときには、早い選手は8時過ぎには練習場にやってくる。だいたい一番に来るのはカズが多かったけど、他のチームメイトには会いたくなかった僕は、7時に練習場に行くと、森保さんと一緒に走った。

森保さんはそこでもポジティブな言葉をかけ続けてくれた。

「今日は、いつもよりいい表情をしているね」

「浩司のほうがペースが速いから、オレのほうが遅れちゃいそうだよ」

「速く走れるなら、先に行っていいからね」

「いつでも復帰できるくらい走れているな」

まるでカウンセラーのようだった。僕との会話だけでなく、練習やミーティングのときもそうだけど、森保さんは本当にネガティブなことは言わない。つねにチームを、僕を前向きな姿勢にする言葉を投げかけてくれた。

森保さんとの会話で覚えていることがある。2013年シーズンが終わり、2014年シーズンがはじまっていたときだった。体調は一向に回復する気配はなかったけど、なんとか練習にだけは参加できるようになっていた。少しでも自分の症状に悩み、不安なことがあれば、森保さんに話を聞いてもらうようになっていた。その日も、森保さんがいる監督室に向かった。そして、森保さんにいつものように弱音を吐くと、こう言われた。

「浩司さ。今日もトレーニングがしんどいなって思うかもしれない。それで調子が悪いと思うかもしれないけど、そんな自分のことを認めてあげて、自分のことを好きだなって思ってみたら」

その言葉に、僕はハッとした。森保さんはさらに続けた。

「どんなにトレーニングが苦しくても、そんなトレーニングができた自分のことを好きだなって思ってみると、またちょっと気持ちが変わるかもしれないよ。だから、声に出して言ってみれば？」

その日の練習を終えて、もし体調が悪ければ、再び練習を休ませてもらおうと思っていた。それもあって、開き直っていたところもあったのだろう。僕は練習でしんどいと思うたびに、ぼそっと声に出して、「そんな自分のことも好きだ」と言ってみた。すると、少しだけ気持ちが楽になった気がした。

だから、次のプレーを終えたときも、言ってみた。

「今日も苦しいけれど、そんな自分もいいよな」

すると、心なしか体も軽くなった。だから、体調が悪いときにはそうしていたように、しんどいこと、まずは守備をがんばってみた。ボールを奪えれば、手応えを感じる。そこで、手応えを感じた自分をまた、好きになってみた。まさに言霊《ことだま》だった。

気がつけば、僕の目の前は、明るく開けていた。

自覚できた気持ちが晴れる瞬間

その日は、試合だったため、僕はメンバー外になっていた選手たちと午前中に練習をしていた。そのときも、森保さんからアドバイスを受けたことを信じて、「自分のことが好きだ」と言い続けていた。自分に言い聞かせると、やっぱりプレーや体の動きは違った。

1年以上も、ずっと苦しかっただけに、すぐにでも誰かに伝えたかった。エディオンスタジアム広島に着くと、試合前のカズを見つけて声をかけた。

「オレ、ちょっと抜けたかもしれない」

試合前だったカズは、「このタイミングでそれを伝えるか」と怪訝《けげん》な顔をして笑っていた。

室内のウォーミングアップゾーンにいる森保さんを見つけると、声をかけた。

「森保さん、オレ、ちょっと気持ち的に抜けたかもしれないです」

「きっかけがあったんだね。本当によかった」

試合前で集中しているタイミングだったかもしれないけど、森保さんは自分のことのように喜んでくれた。

それから数日経ったときだったろうか。森保さんから電話がかかってきた。体調が回復していることを再確認すると、森保さんは提案してくれた。

「ＡＦＣチャンピオンズリーグでアウェイの北京国安戦があるけれど、浩司さえ大丈夫だったら、その試合でメンバー入りしてもらおうと思っている」

「抜けた」と言っても、数日しか経っていなかった。戸惑っていると、森保さんは続けた。

「アウェイならば、試合の雰囲気も違うし、ホームよりも変に意識することもないだろうから、プレッシャーを感じずにプレーできるかもしれない。移動は大変かもしれないけど、浩司さえ大丈夫だったら、遠征メンバーに入ってもらいたい」

僕への気遣いでもあった。そのように言ってくれた森保さんに僕は、「行きます」と答えた。そして、僕は２０１４年４月16日、ＡＦＣチャンピオンズリーグの北京国安戦で試合に復帰することができた。

ケガを理由にして練習を休むことができる

僕は心の病に対しても、カズのことを参考にしていたところが大きかった。

僕が感じる症状を共感するだけでなく、カズの真似をすることも多かった。だから、カズが練習を休んでいたときにゲームセンターに行って気分転換をしたと聞けば、僕もそれにならって足を運んだこともあった。温泉に行ってリフレッシュできたと聞けば、それを真似した。また、カズが山に登ったと聞けば、僕も家の近くにある山を探して、妻の裕子を誘って出かけたこともあった。２０１３年に体調を崩したなかで、森保さんに一緒にランニングしてくれるようお願いしたのも、カズが早朝に吉田サッカー公園に行き、ひとりで走っていたという話を聞いたからだった。

結果的にカズもうつ病を再発したが、森保さんが監督になった２０１２年から、カズはしばらくチームを離脱することがなかった。それは間違いなく、自分の心との向き合い方を見つけていたからだろう。カズは体調が悪いなら悪いままにそれを受け入れて、開き直ることができるようになっていた。

僕自身は、いわゆる躁うつの「躁」の状態と「うつ」の状態になっている自分自身を客観視することができていなかった。だから、調子がよくなれば、本来は社交的な性格ではないのに、外出する機会が増えた。調子が悪くなれば、一転して、友人と食事に行く約束すらしなくなる。一方のカズは、調子がいいときも悪いときも、一定のテンションを保ち、外出する頻度も自分でコントロールしていた。

だから、3度のＪ1優勝を達成して引退するまで、カズに体調の波があったという事実を僕は知らなかった。それくらいカズは、親しい人にも気づかれないほど、自分の症状をコントロールしていたのだ。

一方の僕は、ハイテンションとローテンションを繰り返すようになっていった。それも、短いスパンで、である。2015年は開幕戦でスタメンを勝ち獲ったものの、今度はケガを繰り返すようになった。練習を休むようなことはなかったけど、ケガをきっかけに再び体に違和感を感じるようになっていった。でも、そのときにこう思ってしまったのだ。

「このケガを理由にして、練習を休むことができるな」

2015年に3度目のJ1優勝を決め、みんなが喜んでいるときも、素直に喜べない自分がいた。そして、同時に「来年が自分にとって最後のシーズンになるだろうな」とも思っていた。

おそらく、年齢的にも、精神的にも、そして肉体的にも限界だったんだと思う。選手生命の終わりが確実に近づいていた。何度も、何度も心の病に苦しんできた僕は、もうプロサッカー選手として戦えるだけの体ではなくなっていたし、心の強さを取り戻すこともできなくなっていた。

ひとりで乗り越えたのではなく、家族と一緒に乗り越えた

いつだったか、家族で海に行ったとき、妻の裕子から、こんなことを言われた。

「前にこの海に来たときは、こんなふうに笑うことなんてできなかったね」

目の前では、長女と次女が楽しそうに砂浜で遊んでいた。

以前、その海に来たとき、僕はうつ病の症状に苦しんでいた。気分転換をしようと、遠出したことがあったのだ。海を眺めながら、うれしそうに笑う彼女の姿を見て、僕は思った。

「いつも僕に一歩を踏み出させてくれたのは裕子だったな……」

練習を休むほどうつ病の症状が悪化していくなかで、家に引きこもる時期や時間もあったけど、治療などによって、次第に体調が回復していくと、僕は少しずつ、何かをしようという気持ちを取り戻していった。

そうしたとき、裕子はこう言ってくれた。

「生活のリズムを取り戻してみたら？」

その言葉に背中を押されて、僕は再び規則正しい生活を送れるようになった。

「ちょっと調子がいいなら、散歩でもしようか？」

そう言ってくれたから、一緒に散歩に出かけるようになった。

「そろそろ練習に行ってみる？」

その言葉が後押しとなり、僕は再び練習場に足を運ぶようになった。

裕子は、そのときどきで、僕の体調、調子、症状、さらには状況を見て、最高のタイミングで言葉をかけ、僕が回復していくきっかけを作ってくれていた。

また、ときには、僕が一歩を踏み出す瞬間を、辛抱強く待ってくれていた。

僕が「近くの山に登ってみようと思うんだけど」と言うと、「いいね。登ってみようよ」と言って、一緒に山道を歩いてくれた。「自然のなかで過ごせば気分が変わるかもしれない」と言えば、「お弁当を作るからピクニックに行こうか」と、僕を連れ出してくれた。海を見に行ったのも、そうした気分転換のひとつだった。気分によって左右される僕の行動は、わがままそのものだ。でも、裕子はいつも忍耐強く、僕が言い出したことに反対することなく賛同してくれると、一緒に付き合ってくれた。

裕子は、僕がうつ病に苦しんでいるときも、なるべく普段と変わらない態度で接してくれた。そこには、ふたりの子どもがいるなかで、夫婦そろって落ち込んでしまったり、暗い雰囲気を作ってしまうことがないようにしたいという、彼女の気遣いと配慮があった。

うつ病を克服する過程では、家族の理解や周囲のサポートはもちろん必要だ。ただ、僕

ら夫婦の場合は、寄り添うというよりも、一緒に乗り越えていったという思いが強い。裕子がなるべく普段と変わらないように接してくれたことも、そのひとつだったが、僕らはときに、自分の思いや、感情をぶつけ合ったりした。

子どもが寝てから、夜遅くまでお互いに思っていることを吐き出して、ふたりで泣きながら、何時間も、何時間も話し合ったこともある。僕は、うつ病で苦しいこと、不安が消えないことを訴えた。妻は、ふたりの子どもを育てていくことの大変さをぶつけた。

そのとき、僕はこう思った。

「苦しいのは自分だけじゃなかったんだな。家族もつらいんだな」

うつ病の症状から脱することができないとき、自分だけが苦しい、自分だけがつらいと思いがちだ。でも、泣きながら本音をぶつけあったことで、僕は、裕子の苦しみを知ることができた。本音で話すことができた後には、気持ちもすっきりしたし、この状況から這い上がってやろう、抜け出してやろうという意欲が芽生えた。

こんな自分のことも好きになれた

きっと世界には、うつ病を患いながらプレーしている選手はたくさんいるのだろう。でも、これほどまでに症状を繰り返しながらプレーを続けてきた選手は、世界にいるのだろうか。そんな自分を少しだけ「ほめてあげたい」と思う。

２０１６年になって、僕はようやくサッカーを楽しむことができるようになった。この年も、ずっと体調は優れなかったけど、ケガ以外で練習を休むことはなかった。

「サッカー選手として生活するのは最後だし、せっかくならばこの1年間を楽しもう」

そう思っていたからだ。最後の最後で、僕はやっと開き直ることができた。

前年に股関節に痛みを感じるようになっていただけに、まずは練習に復帰することが目標だった。試合に復帰できればいいと考えていたけど、チームメイトのみんなと、一緒にサッカーをやりきれれば、それでよかった。だから、試合でメンバー外になり、若手の選手たちと一緒に練習できることも楽しかった。練習を終えて、ゴールバーにボールを当てる遊びをしているだけでも、楽しいなと思うこともできたし、その時間が愛おしかった。また、この年齢までプレーすることができた自分に、少しは伝えられることがあるかもしれないと考えられるようになった。チームメイトと一緒に、毎日、ボールを蹴っていることも、年齢の若い選手にアドバイスを求められることも、楽しかったし、うれしかった。

サッカー選手でいられる時間を満喫する。最後の1年間は、その思いだけだった。

正直、それはプロの考え方ではなかったかもしれない。心の病を繰り返し、17年間もサッカー選手として戦ってきただけに、メンタルもフィジカルもボロボロになっていた。

でも、そうした開き直りこそが、僕には必要だったのだろう。もっと前に、このくらいの気持ちでプレーすることができていたら、違うキャリアを歩んでいたのかもしれない
……そう思ったこともある。

幸運なことに、試合に出場する機会があった。ガンバ大阪と戦ったルヴァンカップ準々決勝第2戦では、先発出場できた。後半7分には、自分が得意としてきたフリーキックから左足でゴールを決めることができた。一方で、その後、自分のミスから失点したときには、自分がサッカー選手としてプレーすることに限界がきたことを悟った。

そのタイミングで、クラブからは「今シーズンで選手生活に区切りをつけないか」という話があった。もちろん、葛藤がなかったわけではない。現役を引退していった先輩たちが、選手としてやれる可能性があるならば、最後まであがき、完全燃焼したほうがいいという話をよく聞いていたからだ。でも、最後は、生まれ育った町、ずっとプレーしてきたクラブでユニフォームを脱ぎたいと思った。

引退することを決めた僕は、いつもそうしていたように、森保さんと練習場の芝生の上に座った。

「いろいろ考えましたけど、今シーズンで引退することに決めました」

森保さんは、いつものように「目にゴミが入っちゃったな」と言って、目頭を押さえていた。でも照れくさいから、カズにはきちんと伝えることはしなかった。

2016年10月26日、J1 2ndステージ第16節、アビスパ福岡戦が、広島でプレーする最後の試合となった。

ひとつだけ悔いが残っているとすれば、カズと一緒にユニフォームを脱ぐことができなかったことだ。カズより先に引退することは、正直、悔しかった。カズより、1年でも長くプレーできればと考えていたし、できることならば、一緒に引退することができればとも思っていた。だから、ホーム最終戦の引退セレモニーで、僕はその思いを込めた。

こんなにも、たくさんのサポーターに見届けてもらえる最高の雰囲気のなか、自分自身にとって最後のホーム最終戦を迎えられ、本当に僕は幸せ者だと、しみじみと感じています。

広島で生まれ育ち、ユースのころから数えると20年、プロになってからは17年を、僕はこのサンフレッチェ広島で過ごしてきました。

キャリアを振り返れば、2度のJ2降格、そして3度のJ1優勝と、苦しいことやうれしいこともたくさんありました。そのなかで、自分自身は幾度も体調不良やケガに悩まされ、もうピッチに戻ることはできないのではと思ったことは、一度や二度ではありません。

でも、そのたびに、僕をこのピッチに戻らせてくれたのは、育ててくれた両親、いつもそばにいてくれた妻の裕子と子どもたちでした。つらいときも、苦しいときも支えてくれて、本当にありがとう。

また、クラブを支援してくれているスポンサーさん、森保さんをはじめとするチームスタッフ、一緒に切磋琢磨してくれたチームメイト、そして温かい目でいつも僕の復帰を待っていてくれたサポーターの後押しがあったからこそ、僕は戻ってくることができました。

改めて、支えてくれた家族、出会ったすべての監督とチームメイト、サポーター、そして僕、森﨑浩司に関わってくれたすべての人に感謝したいと思います。

そして……。

そのなかでも、特に僕が感謝しなければならないのは、双子の兄であるカズの存在です。普段は、照れくさくてなかなか直接は言いづらいので、この場を借りて言わせてください。

僕は、カズがいたから、今日までプロサッカー選手としてプレーできたと思っています。体調不良で苦しいとき、自分自身のプレーに納得がいかないとき、いつも相談に乗ってくれたのが他でもないカズでした。ときには厳しく、ときには力強く励ましてくれ、いつも僕の背中を押してくれました。

また、プレーでもカズの姿勢や背中を見て、自分も追いつき追い越そうと競い合ってきたからこそ、ここまで続けることができたと思っています。

でも、振り返ってみても、正直、お前には全然、追いつけなかったと思っているよ。オレにとって、昔も今も最高の選手は変わらず、森﨑和幸だと思っているよ。

そのカズと、J1初優勝したとき、ふたりでサポーターのみんなが待っているスタンドに上がらせてもらい一緒に喜べたことは、僕にとって最高の思い出です。

今シーズンで、引退するか。それとも続けるのか。決断するまでには本当に悩みました。でも、考えるなかで、最終的に思ったのは、広島で生まれ育ち、サンフレッチェ広島でプレーし続けてきたからこそ、最後もサンフレッチェ広島の選手として終わりたいという思いでした。

正直、これだけ手のかかる選手はいなかったと思っています。そんな僕に17年間もプレーさせてくれる機会を与えてくれてありがとうございました。


これからも、ずっと僕の心はサンフレッチェ広島とともにあります。

最後に、僕の夢を聞いてください。それは広島の町にサッカー専用スタジアムができることです。そこで広島の子どもたちがプレーする姿をいつか見られたらと思います。

その夢を実現するために、選手ではなくなりますが、少しでも貢献していければと思っています。

本当に、17年間、ありがとうございました。


現役を引退して、サンフレッチェ広島のアンバサダーという新たな役職に就いて、3年目を迎えた。その間、僕は、うつ病を発症したことは一度もない。

選手ではなくなって思うのは、それだけサッカーでは、プレッシャーがあり、完璧を追い求めていたということなのだろう。ありがたいことに、双子だった僕らは、広島という町に、サンフレッチェ広島というクラブに、とても大切にされ、期待されてきた。その期待に応えなければと、勝手に責任を感じてしまっていたところもあったのだろう。

僕らにはそれだけサッカーしかなかった。ときには、他に趣味を作ったり、興味を持つものを探してみればと言われたこともある。でも、サッカーと同じくらい夢中になるものを他に見つけることができなかった。

でも、こうして改めて振り返ってみても、心の病に陥ったことを後悔はしていない。その経験があったから、僕は17年間もプロサッカー選手としてプレーすることができたし、考え方を変えることもできた。苦しんだけど、そういう自分の選手生活を心の底から誇りに思っている。

そして、こんな自分を好きにもなれた。

おそろいのオーバーオールを着るふたり。0 歳のとき。左が和幸、右が浩司。

近所のおまつりに参加するふたり。5 歳のとき。左が和幸、右が浩司。

矢野小学校の入学式に向かうふたり。左が浩司、右が和幸。

自宅近くでサッカーボールを蹴る浩司。

グラウンドで練習する和幸。

ROUD

エディオン
8
広島

mazda
11
エディオン
7

SINCE 1992
SANFRECCE HIROSHIMA
PIONS
イードットコム

Cham
LEAGUE
20
AGUE
CHAM

2012
CHAMPIONS

8
10
KuaLnet

EDION
エディオン
7
33

24
24
8

EDION
エディオン
Thanks for ALL

EDION
エディオン
8

mazda
8
HINATA
広島銀行
mazda
8
広島銀行

わたしが診た森﨑兄弟

松田文雄（松田病院院長）

和幸さん、浩司さんとの出会い

広島県にある精神科病院で院長をしながら、40年近く子どもたちを中心に診察・治療を行ってきました。そのなかで患者として出会ったのが森﨑和幸さん、森﨑浩司さんでした。

私もサッカーが好きで、大学では医学部にサッカー部を作りました。広島出身ということもあり、以前からおふたりのことは存じておりました。最初に病院に来られたのは浩司さんでした。当時のサンフレッチェ広島のチームドクターが大学のサッカー部の後輩だったこともあり、その縁で私のところに来られました。すでに他の病院を受診されており、紹介状をお持ちでした。

以前からプロスポーツ選手のカウンセリングをすることがありましたが、おふたりの第一印象は本当にスポーツマンらしく、誠実でした。最初の診察の際、患者さんに「ご自身の性格をどう思われますか？」と聞きます。おふたりともまじめな性格で、几帳面だとおっしゃっていました。

浩司さんに最初に伝えた４つの目標

浩司さんには初診のとき、４つの具体的な目標を立てましょうとお伝えしました。

１つ目は、不安に対してです。不安をなくすことはできません。人は大なり小なり不安を抱えています。将来のことや自分の体調のことなど不安だらけです。それでも生きている。だから、不安があっても前向きに生きていく、これを目標にしましょうと伝えました。

２つ目は、自分自身に対してです。自分を変えることは難しい。でも、自分のことをもっと理解することで、自分との付き合い方が見えてくる。「こういう性格だから、こういうときはこうしよう」。それは客観的に自分を見る目を養うことにつながり、これができるようになると、自分なりの対処ができるようになります。

３つ目はマイナス思考についてです。不安と同じでマイナス思考は人間みんな持っています。マイナス思考をなくすのではなく、マイナス思考と違う考え方を見つける、違う捉え方もあるということを身につけるのです。

最後が、自分の思いを受け取ってもらえる人を見つけましょう、ということです。思ったことを言葉に出して、それをちゃんと受け取ってくれると人は楽になります。でも実は、なかなか受け取ってくれない人が多いんです。「それは考えすぎだよ」「こうしたらいいんじゃない？」とよかれと思ってするアドバイスが逆効果になる。励まそうとした言葉が、言われた人にとっては「できていない」と自分を責めてしまう。話せば話すほど自分がダメだと思ってしまう。でもそれは普通のことです。ですから、ひたすら自分の話を聞いてくれる、分かろうとしてくれる人、否定しない人を見つけましょう。この４つをお伝えしました。

早く戻らなければというプレッシャー

和幸さんが最初に来られたときは、「何もしたくない」「サッカーをやめたい」ということを仰っていました。「自分はちょっとしたことが気になってしまう性格で、弟の方が社交的で自分とは違う」と。そういった不安や悩みに対して「重要な決断は気分がよくなってから決めましょう」「今はそのタイミングではありませんよ」と伝えました。また、早く戻らなければならないという焦りも感じましたので、「エネルギーが出ているときは少し抑えたほうが長持ちしますよ」ということをお伝えしました。

ふたりへの治療方法

本文中にも触れられている「精神療法」は薬物療法ではない治療法のひとつです。精神科の治療法の大枠になるのが薬物療法と精神療法です。精神療法のなかにたくさんの治療法があり、認知行動療法や個人精神療法、集団精神療法などさまざまあります。

治療ではまず、どうして今の状態になっているかということを考えます。単に気分が落ちているからどうやって上げるか、眠れないからどうやって眠れるようにするのかというだけでは表面的な対処になってしまいます。そうではなく、もっと根本的なところにアプローチをしないと解決しない、というのがわたしの治療の考え方です。

おふたりには薬も用いましたが、客観的なことや不安を受け入れる方法、こういう考え方もありますよということをお話ししました。紹介状には処方された薬が詳しく書かれてありましたので、それでも改善しないのであれば、薬に頼るのではなく、根本のところや考え方のところを対処すれば改善するのではないかという見立てをし、本人の話を伺いながら治療法を決めました。休んでいるつもりでも「みんなに迷惑をかけている」「どうしてこうなったんだろう」と頭を使うから、頭は全然休めていない。だから、そういうことを考えているなと思ったら、それを自覚して止めましょうと伝えました。自覚することが自分を客観的に見ることにつながるのです。別の患者さんの話ですが、「マイナスのことを考えていると思ったら、考えることを止めるために、腹筋１００回やりましょう」と伝えたこともあります。

実は、わたしは小さいころ、病弱で死の淵をさまよったことがありました。運動会もいつもビリ。でもサッカーをはじめてから短距離が速くなって、中学生のときに体育祭のリレーでアンカーとして学校新記録をつくりました。そしてサッカーでは県総体で優勝しました。そうやって、自分が変わる体験、人生を生きていればなんとかなるということを自覚しています。自分を知らないと中立の立場で患者さんの話が聞けない。でも「がんばればなんとかなる」といったひとりよがりの自分の人生論を患者さんに押し付けてはいけない、そう思っています。

ふたりとも引退することを考えていましたが、まずは諦めない。そして、わたしではなく本人が答えを見つける、そこに寄り添うということをしていました。

双子のつらさ

「双子」も大きな要素だったと思います。兄弟というだけで親をめぐるライバルになります。しかも、同じスポーツ、同じチーム、そして同じポジション。本当に大変だったと思います。

実は私の弟にも双子がいます。私の母親は別々の中学校に入れました。最終的には医者になりましたが別の専門分野です。ずっと一緒だとなにかと比べられます。そういう実感もありましたので、和幸さんと浩司さんのふたりは大変だっただろうと思っていました。どちらかがドロップアウトするわけでもなく、ここまでやってこられた。これは本当にすごいことです。

ふたりのうち一方が回復するともう一方が離脱したことについては、双子だからというわけでは必ずしもありません。ただ、ある意味では互いがカバーし合っていた。どちらかがつらいときは、どちらかが励ましていた。これはひとつ言えると思います。

「人に恵まれる」のもその人の実力

森保一さんがサンフレッチェの監督に就任したとき、病院にいらっしゃいました。ミシャさんもそうですが、監督が理解のある方だったということも大きかったと思います。とても受容的な方で前向きに理解してくださいました。

そして、おふたりの奥様のサポートが的確でした。一緒に病院に来られてずっと熱心にメモを取られていました。それも印象的でした。

人に恵まれているということはあったと思います。でも、それはその人の能力でもあるんです。たとえば、同じ監督でも、受容的に接してくれる場合もあれば、そうでない場合もあります。それはその人が醸しだすものにもよりますので、それも本人の力です。

現役時代のプレッシャーは相当だったのだと思います。人目にもつきます。それでも戻ることができたのですから、努力も人一倍だったと思いますが、強い精神力をお持ちだったのだと思います。今のおふたりを見ていると、サッカーに関わりながらも、別々の仕事をされている。バランスの取れた選択をされたのだと思います。とてもよかったと思っています。

松田文雄（まつだ ふみお）
医療法人翠星会松田病院理事長・院長。医学博士。東海大学医学部卒。長年、子どもたちを診療してきた児童精神科医。

あとがき

森﨑和幸

まずは、この本を出版するにあたり、尽力してくれたTAC出版のみなさま、担当してくれた山本憲俊さん、浅井啓介さん、そして、《うつ病》という難しいテーマに対して、ともに向き合い、構成を担当してくれたライターの原田大輔さんに、感謝の言葉を伝えたいと思います。

《うつ病》の症状は、自分自身が苦しく、つらいこともあり、記憶が曖昧な部分や言葉では表現しにくいところがありました。そうした自分自身が抱く細かい心の機微や、ときによって異なる体調の変化について、こと細かく表現することができたのは、親身になって本の制作に携わってくれた、彼らがいたからだと思っています。それだけに、僕と浩司が戦ってきた心の病とサッカー人生について、こうして一冊にまとめることができたことは幸せに思います。

また、本の制作に当たっては、僕が心の病に苦しんでいる時期のことを思い出し、協力してくれた妻の志乃には感謝の言葉しかありません。苦しんでいる時期は、意識も朦朧としているだけに、自分が思い出すことのできない症状や出来事もありました。そうした部分を妻が振り返ってくれたことで、点と点をつなぎ合わせ、線にすることができました。

心の病を克服する過程では、周囲のサポートであり、周りの理解が必要不可欠です。ふとしたときに、「もし自分はひとりだったらどうなっていたのだろう」と考えることがあります。そうしたときに、いつも思うのは、ひとりだったら、おそらくサッカー選手として練習場に戻ることもできなければ、サポーターの前でプレーすることもできなかっただろうという思いでした。

《うつ病》をはじめとする精神的な症状を、人に打ち明けるには勇気がいると思います。実際、自分自身もそうでした。

でも、思いきって話してみたら、共感してくれる人、気遣ってくれる人、理解しようとしてくれる人、そして、助け、支えてくれる人たちが、自分の周りにはたくさんいました。家族だけでなく、知人や友人、サンフレッチェ広島の関係者、さらには自分が心の病を患ってから指導してくれた小野剛さん、ミハイロ・ペトロヴィッチさん、森保一さん、現役最後の監督となった城福浩さんと、すべての指導者が理解を示してくれました。直接、症状について語る機会は少なかったですが、今までともにプレーしてきたチームメイトたちも同様でした。

長い間、僕らを診てくれた精神科の松田文雄先生もそうです。最初は心のうちで思っていることをさらけ出すことには抵抗があったけど、僕らが勇気を出して伝えたことで、関係性を築くこともできたし、先生の気持ちや考えをも知ることができました。そうやって自分の心と向き合うことで、《うつ病》を乗り越えられたのだと思います。

僕自身が、勇気を振り絞って打ち明けたとき、周りの人たちが、自分を理解しようとしてくれたことがうれしかったし、また共感してくれたこともうれしかった。

だから、今回、本を出版するにあたって、すべてを包み隠さず打ち明けてみようと思うこともできました。

打ち明けるには勇気も必要です。

でも、僕はこうも伝えたい。

ほんの少しでいいから、打ち明ける勇気を持ってほしい。なぜなら、そのちょっとした勇気が、自分を変え、状況を変えるきっかけになるかもしれないからです。

また、この言葉も伝えたいと思います。

「がんばらなくていい」

僕らは自分に対して理想が高すぎるがゆえに、自分を責め、心を病みました。その時期は、自己否定を繰り返し、自暴自棄にもなりました。

でも、そんな自分であっても、「自分のことを大事」にしてほしい。

「自分が自分のことを信じられなければ、誰が自分を信じてあげることができるのか」

そう思ったからです。改めて自分の人生を振り返ってみたとき、僕にとって現役最後のシーズンとなった2018年。地獄のような日々から抜け出し、再びピッチに立つことができたのは、家族の支えとともに、「自分が自分のことを信じてみよう」と思えたことが大きかった。

だから、あなたも「自分のことを信じてください」――。

心の病に苦しんでいるときだけでなく、日々支えてくれた両親、妻の両親、妻、長男の陽太《ひなた》、長女の日葵《ひまり》、現役時代に僕らをマネジメントしてくれたフットメディアの社長である西岡明彦さん、さらにはサンフレッチェ広島の関係者、チームメイト、前述した監督たちをはじめ、携わってくれたすべての指導者、さらには精神科の松田先生と、感謝したい人はたくさんいます。

でも、最後に、少しだけページを割いて、語りたいことがあります。

それは双子の弟である浩司のことです。

双子として生まれ、同じ時期にサッカーをはじめ、ふたりで追いかけてきたサッカー選手という夢を叶えた僕にとって、現役生活のすべてにおいて浩司は、唯一無二のライバルでした。

本来ならば、競う相手は対戦チームの選手であり、同じポジションのチームメイトです。でも、幼いころからつねに周りから比較されてきたことで、僕のなかにはいつも浩司の存在がありました。だから、浩司が活躍すれば、嫉妬したこともあったし、羨ましいと思うこともありました。

サッカーのことで言えば、僕は右足が利き足で、浩司は左足が利き足。浩司は左足のキックの精度が高く、シュート力もあったため、そこも羨ましく感じたものです。また、僕にはない思い切りのいいプレーも憧れるところのひとつでした。

性格的なところで言えば、浩司は人なつっこく、誰とでもすぐに打ち解けられるところも羨ましかった。僕自身は近寄りがたいと言われることも多かっただけに、なおさらでした。

そうやってつねに比較されてきた僕らだけど、今思えば、お互いに足りないところを補ってきたようにも思います。《うつ病》になったときには、お互いがお互いを比べるがゆえに、体調を崩したこともありましたが、僕には浩司が、浩司には僕がいたから救われてきたところも多いように思います。

ライバルであれば、よき理解者でもある。嫉妬もすれば、刺激にもなる。

本当に双子は、そして僕と浩司は、不思議な関係性だと思います。

でも、こうしてお互いの人生を振り返ってみて思うのは、僕は浩司がいたから、ここまでサッカー選手を続けることができたのだと思います。

浩司はサンフレッチェ広島のアンバサダーになって3年目を迎えています。昨年、現役を引退した僕も、今年からサンフレッチェ広島のクラブ・リレーションズ・マネージャー（C・R・M）として新たな一歩を踏み出しました。新しい世界での新しい日々には、お互いに戸惑うこともあれば、さらにクラブをよくしていこうと学んでいるところだけど、これからもきっと、この不思議な関係性は続いていくのだと思います。

きっと、今までもこれからも、変わることなく……。そして、きっと、ひとりではできないことも、ふたりなら乗り越えられる。

原点を振り返れば、そんな唯一無二のライバルに、自分自身が抱えている症状を、弱みを打ち明けるところから、僕の《うつ病》との付き合い、戦いはスタートしました。

だから、最後にもう一度、伝えたい。

心のうちをさらけ出す勇気も必要だと——。

森﨑浩司

サッカー選手を引退し、サンフレッチェ広島のアンバサダーとして第二の人生がスタートして、3年目を迎えています。ホームゲームのイベント、テレビやラジオといった各メディアへの出演、サッカーの試合解説、さらには講演会や各地のイベント出演など、ありがたいことに仕事は多岐にわたっています。

この3年間で、症状がまったく出なかったかと言ったら嘘になります。特に現役を引退した1年目は、やることなすことはじめてのことばかりで、なかなか夜も寝付けなくなったこともあれば、不安感が強くなったこともありました。

当初は、テレビに出演するときも、「うまく話せなかったらどうしよう」と、そわそわしていました。それこそ、周りに気づかれないように緊張を隠すのも大変でした。でも、そのとき、こう思ったんです。

「経験がないんだから、うまくできなくても仕方がないよな。経験したことを次に活かそう」

パーティーや講演会に呼ばれ、大勢の人たちの前で話すときも緊張しました。自分よりも年上の人たちが集まる懇親会や厳粛な雰囲気のなかで話さなければならなかったときにも、その日が近づくにつれて緊張感が増し、過度に身構えてしまうところもありました。でも、このときも思ったんです。

「選手を引退したばかりだし、周りも自分がうまく話せるとは思っていないよな。だったら、自分が語れる今の言葉と思いで伝えてみよう」

人前で話したり、壇上に登ってスピーチしたりするとなれば、大抵の人が緊張すると思います。特に自分は、現役時代から人前で話すことは得意ではなく、アンバサダーになり苦手なことに取り組んでいたという背景もあります。

でも、僕は、そこではじめて自分に対して「開き直る」ことができたんです。

もちろん、与えられた仕事には全力を注ぎます。でも、だからといって、すべてが完璧にできるわけではない。僕はアンバサダーになってはじめて、社会における自分の未熟さを認識し、自分自身を客観視することができたんです。

そう思うことができたとき、少しだけ心も軽くなれば、自分を受け入れることもできました。そして、3年目を迎えた今では、人前で話すことも、講演会などで語ることも、緊張せずに楽しめるようになりました。開き直り、受け入れることで、克服することもできたんです。

サッカー選手だったときには、なかなかそうした境地に辿り着くことができませんでした。この本で何度も、何度も綴ってきたように、僕はつねに完璧を追い求め、ミスを恐れるあまり、心を病み、そして体調を崩しました。

だから、自分に対して開き直ることができるようになった今、思ったりもします。

「今の精神状態でプレーできていたら、自分はどんな選手になっていたのだろうか」

きっと、サッカー選手に戻れば、再び自分のなかにある理想を追求して苦しむだろうけど……。サッカー選手として活動していた過去の自分と、新しい世界に飛び込みチャレンジしている現在の自分を見つめて分かったこともあります。

だから、同じように理想の自分と現実の自分の差に悩み、苦しみ、心の病に陥っている人たちに伝えたいことがあります。

「がんばりすぎなくていいんです」

「やりすぎなくていいんです」

そして……。

「ちょっとだけ自分のことを甘やかしてあげてください」と。

今回、本を出版することを決めたとき、僕は自分のすべてをさらけ出そうと心に決めました。心の弱さや繊細さも、《うつ病》を発症する起因のひとつになっていたからです。憧れていたプロサッカー選手になったばかりのころに、試合に出る心構えができていなかった自分と、経験を積むことで自信をつけていった自分。どちらも、本当の自分です。

でも、サッカー選手だったときは、やっぱりどこかで格好つけていたから、そうした弱さや心のうちを語ることはできませんでした。ここでも理想を思い描いていたのかもしれません。でも、そうした気の弱さや、周りの評価を気にしすぎてしまう自分がいたから、僕は《うつ病》にもなったんです。

僕と同じように心の病に苦しんでいる人たちには、そうした僕の弱い姿や未熟な一面を知ってほしいとも思いました。そうでなければ、心の病を患っている人や周囲にいる人たちの参考にもならないし、心の痛みを分かち合うこともできないと思ったからです。

そう決意したなかでは、まず、家族の理解を得なければなりませんでした。自分の心の内側であり、家族にしか見せなかった内面をさらけ出すことを了承してくれた妻の裕子には、本当に感謝の言葉しかありません。僕が心の病に陥っているときは、家族もつらい思いをしてきただけに、きっと思い出したくなかったはずです。それにもかかわらず、今回、そのときどきの出来事や行動、そして判断と、僕の記憶が足りない部分を埋め、補ってくれてありがとう。たくさん我慢させてきた長女の心優《みゆ》、次女のさなとともに、妻の裕子には、この場を借りて、「ありがとう」、そして、「これからもよろしくお願いします」という言葉を伝えたいと思います。

カズが妻の志乃ちゃんと二人三脚で《うつ病》を克服してきた一方で、僕は、家族だけでなく、本当に多くの人に助けられ、支えられ、今日まで歩んでくることができました。感謝したい人はたくさんいるけれど、家族としては、育ててくれた両親、双子の兄弟であるカズ、そして姉、さらには妻の両親です。サッカーにおいては、試合や練習を休むことに対して最大の理解を示してくれたサンフレッチェ広島の関係者、チームメイト、出会ったすべての指導者の方々、特に心の病に陥ってからの監督である小野剛さん、ミハイロ・ペトロヴィッチさん、そして森保一さんにも感謝の言葉を伝えたい。

また、長年、僕らをカウンセリングしてくれた松田文雄先生には本当に力になってもらいました。お好み焼き屋「大ちゃん」のおばちゃんとフットメディアの社長である西岡明彦さん、そして松田先生の言葉は、どれもが僕を勇気づけるものであり、だからこそ、僕は克服してピッチに戻ることができたと思っています。

さらに、本の構成を担当してくれたライターの原田大輔さんにも感謝しています。現役時代には、練習の帰りに電話しては、いつも体調のこと、自分のプレーに対する不満を聞いてもらい、気持ちが楽になりました。今回も僕らの考えや思いを文章として表現する上で大いに力を貸してもらいました。

本を出版するにあたっては、担当してくれた山本憲俊さん、浅井啓介さんをはじめ、TAC出版のみなさんには、心の病というテーマに対して親身に向き合ってくれました。改めて、ありがとうございました。

こうして、自分自身の人生を振り返ってみると、サッカー選手だったときも、引退した今も、本当に僕は多くの人に助けられ、支えられて、今日まで歩んでくることができました。

だから、最後も、この言葉で締めたいと思います。

「だから僕はこんな自分を好きになることができた」

森﨑 和幸（*Kazuyuki Morisaki*）
1981年5月9日、広島県広島市出身。177cm、75kg。右利き。双子の兄。現役時代のポジションはMF。1999年に当時クラブ最年少でJリーグデビュー。サンフレッチェ広島一筋でプレーし、3度のJ1優勝に貢献。2018年に現役を引退した。Jリーグ通算504試合出場22得点。現在はサンフレッチェ広島クラブ・リレーションズ・マネージャー（C.R.M）。

森﨑 浩司（*Koji Morisaki*）
1981年5月9日、広島県広島市出身。177cm、77kg。左利き。双子の弟。現役時代のポジションはMF。2000年にJリーグデビューすると、2004年にはU-23日本代表としてアテネ五輪に出場した。サンフレッチェ広島一筋でプレーし、3度のJ1優勝を経験した。2016年に現役を引退。Jリーグ通算335試合出場65得点。現在はサンフレッチェ広島アンバサダー。

構成…原田大輔（SCエディトリアル）
写真…佐野美樹／西田泰輔（プロフィール写真）／梅田厚樹（森保一）
カバーデザイン…チチ
本文デザイン…加藤愛子（オフィスキントン）
協力…株式会社サンフレッチェ広島

※本書の記述は、あくまで個人の体験に基づいたものです。病気の症状・治療法等は
個々によって異なるものであり、各々の症状等については専門家にご相談ください。（編集部）

うつ白《はく》
そんな自分も好きになる

2019年11月27日　初　版　第１刷発行
2019年12月17日　　　　　第２刷発行

著　者　森﨑和幸 森﨑浩司
発行者　多田敏男
発行所　TAC株式会社　出版事業部（TAC出版）
〒101-8383　東京都千代田区神田三崎町3-2-18
電話　03（5276）9492（営業）
FAX　03（5276）9674
https://shuppan.tac-school.co.jp/
組　版　株式会社 大知
印　刷　今家印刷 株式会社
製　本　株式会社 常川製本

ISBN 978-4-8132-8778-0　　N.D.C. 783